本書購入者のみ
LINEお友だち登録無料特典

❶ 現役キャリアコンサルタントによるロープレ見本動画

現役のキャリアコンサルタントが、面接試験と同様に15分間でどのように面談を進めていくのか、ロープレの見本動画をご覧いただけます。

❷ 面接逐語録演習帳

ロープレ参考動画を逐語録としてお読みいただけます。動画と逐語録をどちらもご覧いただくことで、よりスキルアップにつながります。

❸ オンライン無料ロープレ自主練習会参加権

面接は練習の場数を踏むことが肝心！

● 全国各地から参加する受験生と一緒にロープ
● 受験生同士がキャリアコンサルタント役、クライエント役を交代で練習を行います。
● ロープレに慣れていない方でもお気軽にご参加いただけます。
● 日程等の詳細は、LINEお友だち無料登録後にご案内いたします。

全国
無料で
参加できま

❹ 論述試験模擬テスト

キャリアデザイン出版が作成した論述試験模擬テストをダウンロードして学べます。

> **LINEお友だち登録無料特典の受け取り方は次ページをご覧ください**

本書の使い方 〜合格への道〜

STEP 1

LINEお友だち登録

※このLINEお友だち登録無料特典は予告なく終了することがございますので、お早目にご登録ください。

STEP 2

スマホで学習
実技試験

● 現役キャリアコンサルタントによるロープレ見本動画
● 面接逐語録演習帳

LINE お友だち登録の QR コードを
読み込んだ後のマイページの作り方

メッセージで届いた
**無料特典
フォーム
のリンク
をクリック**

LINE アカウントで
**登録ボタン
を押す**

マイページ
登録完了
STEP2の無料
特典がすぐに利
用できます。

ピン留めがオススメ
※Android：トークルームを
長押しして【ピン留め】をタップ
※iPhone：右側にスワイプして
【ピン留めマーク】をタップ

STEP 1

テキストを読んで学ぶ

STEP 2

練習問題で理解度チェック

スマホで学習
学科試験

● 学科試験書籍関連動画
● オンライン単語帳
● 統計数字

実力チェック

● 論述試験模擬テスト
● 学科試験模擬テスト

FINAL STEP

実技試験

オンライン無料ロープレ自主練習会参加権

受験生同士がキャリアコンサルタント役、
クライエント役を交代で行います

● 全国各地から参加する受験生同士
で練習しよう！

学科試験

過去問題を時間の許す限りできるだけ
たくさん解く

国家資格キャリアコンサルタント
→（推奨）直近5回分以上

キャリアコンサルティング技能検定2級
→（推奨）直近2回分以上

全国の書店で売れてます！

▶ キャリアコンサルタントへ「最速合格」を目指すあなたに

最速合格のために「最新の試験傾向を踏まえた頻出ポイントを徹底解説」した内容に加えて、リアルでもネットでも特典満載！

職業指導の父 パーソンズ

| 「最速合格」国家資格キャリアコンサルタント学科試験テキスト＆問題集 | B5判／232頁 定価3,520円（本体3,200円＋税10%） ご購入はこちらから |

point 02

過去の出題傾向を徹底的に分析し「キャリアコンサルタント試験の試験科目及びその範囲並びにその細目」を、独自に次の4ジャンル ①理論 ②実践 ③法律・施策 ④白書・統計数字 に整理し、章立てを再構成しています。

キャリアコンサルタント試験の試験科目及びその範囲並びにその細目		本　書
Ⅰ キャリアコンサルティングの社会的意義	1　社会及び経済の動向並びにキャリア形成支援の必要性の理解	第2章
	2　キャリアコンサルティングの役割の理解	第2章
Ⅱ キャリアコンサルティングを行うために必要な知識	1　キャリアに関する理論	第1章
	2　カウンセリングに関する理論	第1章
	3　職業能力開発（リカレント教育を含む）の知識	第3章
	4　企業におけるキャリア形成支援の知識	第3章
	5　労働市場の知識	第4章
	6　労働政策及び労働関係法令並びに社会保障制度の知識	第3章
	7　学校教育制度及びキャリア教育の知識	第3章
	8　メンタルヘルスの知識	第2章
	9　中高年齢期を展望するライフステージ及び発達課題の知識	第1章
	10　人生の転機の知識	第1章
	11　個人の多様な特性の知識	第2章
Ⅲ キャリアコンサルティングを行うために必要な技能	1　基本的な技能	第2章
	2　相談過程において必要な技能	第2章
Ⅳ キャリアコンサルタントの倫理と行動	1　キャリア形成及びキャリアコンサルティングに関する教育並びに普及活動	第2章
	2　環境への働きかけの認識及び実践	第2章
	3　ネットワークの認識及び実践	第2章
	4　自己研鑽及びキャリアコンサルティングに関する指導を受ける必要性の認識	第2章
	5　キャリアコンサルタントとしての倫理と姿勢	第2章

point 03

合格できる工夫が
いっぱいの誌面構成

キーワード●
各理論家で覚えてお
くべきキーワードを
記載しています。

POINT●
理論の概要を記載し
ています。

●理論家出題頻度
理論家は出題頻度によって出題頻度を
3段階の★で示しています。

●赤い文字
重要な点は赤い文字
になっているので、付
属の赤シートで隠し
て学べます。

●頻出マーク
試験によく出る項目
には頻出マークを付
けています。

---

point 04

テキストに加えて、問題も充実。「一問一答」で理解度をチェックできます。
さらに本誌だけの付属の特典で、試験直前まで知識の定着が図れます。

試験直前まで
チェックできる
と喜ばれてます

5段階欲求
マズロー

STEP 1
赤シートで隠し
ながらテキスト
で学ぶ

STEP 2
一問一答
で理解度チェック

STEP 3
・スピードチェック

・単語帳

---

point 05

時間がない受験生の要
望を実現した、本書だ
けの付属の特典です。
重要なポイントをまと
めてあるので持ち歩い
て活用できます。

スキマ時間に
サッと目を
通せますよ

目的論
アドラー

スピードチェック

暗記に役立つ
赤シート付き

理論家相関図

単語帳

理論家年表

目　次

第 1 章　論述試験対策（キャリアコンサルティング協議会）

第 2 章　面接試験対策（キャリアコンサルティング協議会）

第**1**章

論述 試験対策

キャリアコンサルティング協議会

各設問の問題構成・ポイント概要

　キャリアコンサルティング協議会の論述試験は事例記録を読み、相談者が相談したいこと、見立て、今後の支援に関する知識などをキャリアコンサルティングプロセスに沿って検討し、解答する試験です。養成講習団体によっては、型にはまった解答を避けるため具体的な解き方を指導しないケースも多いようですが、何の武器も持たず、自分が思うままに断定的な表現をしてしまったり、相談者の言葉を使わずに自分の言葉で解答を書いてしまうと、なかなか点数には結びつきません。

　本書では、あなたに最速合格を果たしていただくため、論述試験の解き方について、基本の型とそのための武器をお伝えしていきます。まず型をしっかりと身に付けたうえで、あなた独自の書き方を工夫していっていただければと思います。

　次頁から論述問題の構成をみていきますが、何より重要なのは『試験が開始したらまず問題と解答用紙を見て形式を確認する』ということです。試験の出題形式は前回とは違う形式で出題される可能性があります。そのため、事例記録を読む前にまず問題と解答の形式を必ず確認してください。

　では早速、実際に論述問題がどのような構成になっているのかを、次頁の筆者が作成した問題に沿って確認していきましょう。問題用紙には、「キャリアコンサルタントが今後の研鑽に生かすための、作成途中の事例記録」として、相談者情報、面接日時、相談の概要が記載されています。

相談者情報：
Aさん、男性、28歳
略歴：四年制大学を卒業後、中小規模の食品メーカーで営業として勤務。5年目。
家族構成：独身

面接日時：2023年1月上旬 本人の希望で来談（初回面談）

相談の概要：

【略A】

相談者の話した内容
カッコ内はキャリアコンサルタントの発言

　今の職場でやっていけるかという不安を感じて相談に来ました。
（今の職場でやっていけるか不安を感じてる…どのような不安か詳しくお話ししていただけますか）

　はい、私はこれまでルート営業の部門に5年いました。営業の方法は、すでに取引実績のある企業に対しての御用聞きではないですが、在庫の確認や定期訪問、アフターフォローを主に行っていました。ですがコロナ禍を経て、営業力の強化を図るため、会社全体で大きな改革があったんです。
　今回の改革では人事異動があり、一般営業の部門に配置されました。これまではお客様の問題解決業務だったのですが、新規顧客の開拓戦略を求められる部署になり、今とはガラッと変わってしまう状況に適応できるのかどうかという疑問を感じています。…さらに役職も上がり、副主任からグループリーダーになりました。新規顧客開拓の新企画を、グループリーダーの私が中心となってチームで進めるよう命じられたので、どうしたらいいかわからなくなってしまって…。
（新規開拓のグループリーダーを任されたとき、どのように思いましたか）**【下線B】**

　部署が変わっていきなりのプロジェクト運営を任されるのは、やりがいを感じながらも本当に自分ができるのかどうかへの不安の方が大きかったです。まだプロジェクトは始まったばかりですが、新規開拓部門のスタッフとは、これまで部署が違ったのでそんなに親しい関係が築けていません。ましてや相談するほどの間柄でもないので、もし失敗したらと考えるとどうすればいいのか、不安と戸惑いを感じています…。
（誰にも相談できない中で不安と戸惑いを感じてしまっているんですね）
　これまでは定期的な業務進行を前提として、日々の業務を円滑に進めることに集中してきました。会社からの評価は嬉しいのですが、いきなりやったことがない新規開拓に責任を求められることは、ちょっと自分には難しいと感じています。
（会社からの評価は嬉しいけれども、いきなりやったことがないものに責任を求められることは自分には難しいと感じているんですね）
　　　　　　　　　　　　　　　　　略

　先日新規開拓のリストを受け取り、これを基に交渉や提案計画などを作成するよう言われたのですが、自分には企画書を作るなどのノウハウが全然なくてどうしたらいいものか悩んでしまいました。
（その時はどうされたのですか）
　とりあえず、ネットや本に載っている企画書のフォーマットを参考にして形にしたのですが、課長から「この企画でほんとうに成功すると思うのか」と強く言われました。さらにチームメンバー内ではよくわからないマーケティング用語が飛び交い、理解がおぼつかない状況でした。このままではいけないと思って、自分でも勉強して何とか皆に追いつこうとは思っているのですが、モチベーションが上がらず、相談する人もいないので、今後はどうしたらいいのか…。

　　　　　　　　　　　　　　　　（以下略）

所感（キャリアコンサルタントの見立てと今後の方針）
・**【下線B】**と応答した意図は、（以下略）
　　　　　　　　　　　　　　　　（以下略）

●相談者情報

名前、性別、年齢、略歴、家族構成が書かれています。略歴には例えば大学卒業後から何年間どのような職種の仕事に就いたのか、また転職後の経緯等が記載されています。

●面接日時

面接日時と、本人が希望して来たのか、何度目の面談なのかについて記載があります。

●相談の概要

（略A）と記載されています。問1で問われるのはこの概要部分です。

●相談者の話した内容

相談内容の一部が逐語録形式で記載されています。途中のキャリアコンサルタントの発言には、**【下線B】**があり、この部分は設問2で問われます。

●所感（キャリアコンサルタントの見立てと今後の方針）
問題用紙には「**【下線B】**を質問した意図は、（以下略）」とだけ記載されています。このケースでキャリアコンサルタントがどのような見立てと今後の方針を考えたのかを設問1から設問4で解答していくこととなります。

※本問題は筆者が作成したものです。

解答用紙見本

【設問1】事例記録の中の「相談の概要」【略A】の記載に相当する、相談者がこの面談で相談したいことは何か。事例記録を手掛かりに記述せよ。

2行 {
_____
_____
}

【設問2】事例記録の【下線B】について、この事例を担当したキャリアコンサルタントがどのような意図で応答したと考えるかを記述せよ。

2行 {
_____
_____
}

【設問3】あなたが考える相談者の問題（①）とその根拠（②）について、相談者の言動を通じて、具体的に記述せよ。

2行 {
① 問題
_____
_____
}

3行 {
② その根拠
_____
_____
_____
}

【設問4】設問3で答えた内容を踏まえ、今後あなたがこのケースを担当するとしたら、どのような方針でキャリアコンサルティングを進めていくか記述せよ。

6行 {
_____
_____
_____
_____
_____
_____
}

●設問1（10点）
相談者の主訴（来談目的）を、相談者の言葉を正確に拾いながら記載します。

●設問2（10点）
キャリアコンサルタントの1つの応答について、どのような「目的」で「どのような支援に繋げていきたい」という意図があったのかを内面に焦点を当てて記載します。

●設問3
（2×10点）
相談者自身の何らかの理解が不足している要素に着目し、本質的な問題点は何かをしっかり読み取ったうえでキャリアコンサルタントの見立てとその根拠を2つから3つ記載します。

●設問4（10点）
設問3を踏まえ、自分が考えるキャリアコンサルタントとしての今後の方針を具体的に記載します。

※本解答用紙は筆者が作成したものです。

　論述試験はキャリアコンサルティングのカウンセリングプロセスに沿ってつくられています。それぞれの設問がどのような目的、相関関係になっているのかを次の図で示します。

図表 1-1 論述試験の問題とカウンセリングプロセスの相関関係

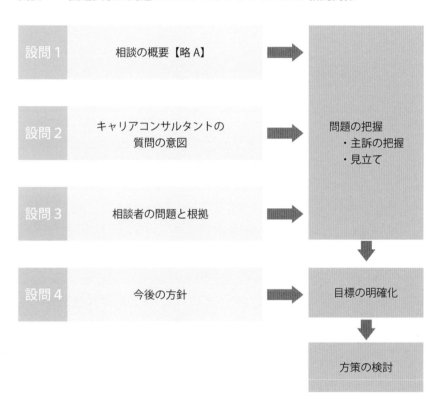

　論述試験は時間との勝負です。時間が足りなくなる最も大きな原因は、一度答案用紙に書いた文章を書き直すからです。では書き直さないようにするにはどうすればよいでしょうか。

　本書でおススメしているのは、重要なポイントに下線を引いた後、実際に解答用紙に書いていく前に、事例記録上で解答に使う文章のおおよその文字数をカウントし、これならちょうどいい文量で書けそうだという確信を持ってから実際の答案用紙に書き始めるという方法です。

　下線の引き方は以下の通りです。相談者の状況を把握できる箇所や、相談者が悩むきっかけとなった記述には直線（ー）を引き、相談者の感情や意向、考え等が記述されている箇所には波線（〜）を引いていきます。

A 「状況把握・きっかけ」・・・直線（ー）を引く

B 「感情・意向」・・・・・・・波線（〜）を引く

　どのような記述に直線（ー）や波線（〜）を引いた方がよいのかを参考例として記載します。なぜここで下線を引く必要があるのか、実際にそれをどのように解答に反映させていくのかについては、17 ページ以降の設問 1 から設問 4 の解き方の中で詳細に解説していきます。

A「状況把握・きっかけ」
課長をしているが、中心メンバーが相次ぎ退職
日頃からの部下育成や仕事への動機づけ不足、コミュニケーション不足があるのではないかと指摘される
自分自身も業務量が増えており、やむを得ず休日出勤をすることもある
人事からは、部下に残業をさせないよう強く言われている
不妊治療を始めた
短期大学の保育科で保育士を目指して勉強している
保育士の仕事は母親から将来も安定した仕事だからと勧められた
下の子がまだ小さいので手もかかる
部長からの無茶ぶりが多くて結構仕事量も増えてきている
結婚し出産して子育てをしながら戻ってきた
派遣社員として働いていてもうすぐ2年
派遣会社は早めに次のところを紹介してくれるという話だったが連絡がない
新卒で就職するはずだった会社は入社直前に倒産してしまった
母親から派遣会社に登録することを勧められて、数社派遣登録をして、今の会社で働き始めた
契約社員として4年目、自分を指名して来店してくださるお客様も増えた
コロナ禍で店の売り上げも随分下がっていて、今年の秋には、今働いている百貨店から撤退する事が決まった
両親から正社員としてどこか安定した仕事に就いて欲しいと言われている
夫と離婚して、2人の子供を育てていく為に、必死で就職活動をして不動産会社に採用された
最初はパートだったが1年後、正社員にしてもらえた
一緒に働いている先輩に、うちの会社でもテレワークができる様にならないか聞いてみたら「うちは本社じゃないからね」と言われてしまった

B「感情・意向」

退職の話があってショックを受けた
今後どのように仕事を進めたらよいか、課を運営したらよいか分からなくなり、自身のモチベーションは大きく下がっている
部長は職場の現状を見ていないと感じた
治療をしながら仕事ができるのか不安もある
やっぱり正社員の方が働き続けやすいのかな
正社員がいいとは思うけれど、正直プレッシャーも感じる
本当に自分にできるのかな
実際見たり聞いたりすると、自分が思っていた仕事とは違うのかなと思うようになった
自分がこの仕事をやれるのか自信がない
他にやれる事があるのかよくわからないし、何に向いているのかもよくわからない
このままがいいのにそんなこと言われてどうしたらよいのかわからない
次回の契約更新はないということを聞いて、早く次のところを見つけなければ
こんな目に合うんだったら、やっぱり正社員として就職したほうがいいんじゃないかと思う
自分の経験で正社員として就職できるかわからない
自分に何ができるのかイメージが全然わかず、どうしたらよいのかわからない
会社自体も経営が厳しいようだし自分も転職したほうがいいのか
自分の年齢も考えると、このタイミングで何か違う事をしなければいけないのかな
正社員で安定した仕事と言われてもあまりイメージがつかない
今から新しい事を始めて自分が正社員として就職ができるのかなと思う

　では次に、筆者が作成した次の模擬問題に各線を引いてみますので、確認してみてください。

相談者情報：
Aさん、男性、28歳
略歴：四年制大学を卒業後、中小規模の食品メーカーで営業として 勤務。5年目。
家族構成：独身

面接日時：2023年1月上旬 本人の希望で来談（初回面談）

相談の概要：

【略A】

相談者の話した内容
カッコ内はキャリアコンサルタントの発言

　今の職場でやっていけるかという不安を感じて相談に来ました。
（今の職場でやっていけるか不安を感じてる…どのような不安か詳しくお話ししていただけますか）
　はい、私はこれまでルート営業の部門に5年いました。営業の方法は、すでに取引実績のある企業に対しての御用聞きではないですが、在庫の確認や定期訪問、アフターフォローを主に行っていました。ですがコロナ禍を経て、営業力の強化を図るため、会社全体で大きな改革があったんです。
　今回の改革では人事異動があり、一般営業の部門に配置されました。これまではお客様の問題解決業務だったのですが、新規顧客の開拓戦略を求められる部署になり、今とはガラッと変わってしまう状況に適応できるのかどうかという疑問を感じています…。さらに役職も上がり、副主任からグループリーダーになりました。新規顧客開拓の新企画を、グループリーダーの私が中心となってチームで進めるよう命じられたので、どうしたらいいかわからなくなってしまって・・・。
（新規開拓のグループリーダーを任されたとき、どのように思いましたか）【下線B】

部署が変わっていきなりのプロジェクト運営を任されるのは、やりがいを感じなが
らも本当に自分ができるのかどうかという不安の方が大きかったです。まだプロジェ
クトは始まったばかりですが、新規開拓部門のスタッフとは、これまで部署が違った
のでそんなに親しい関係が築けていません。ましてや相談するほどの間柄でもないの
で、もし失敗したらと考えるとどうすればいいのか、不安と戸惑いを感じています…。
（誰にも相談できない中で不安と戸惑いを感じてしまっているんですね）

　これまでは定期的な業務進行を前提として、日々の業務を円滑に進めることに集中
してきました。会社からの評価は嬉しいのですが、いきなりやったことがない新規開
拓に責任を求められることは、ちょっと自分には難しいと感じています。
（会社からの評価は嬉しいけれども、いきなりやったことがないものに責任を求めら
れることは自分には難しいと感じているんですね）

略

　先日新規開拓のリストを受け取り、これを基に交渉や提案計画などを作成するよう
言われたのですが、自分には企画書を作るなどのノウハウが全然なくてどうしたらい
いものか悩んでしまいました。
（その時はどうされたのですか）

　とりあえず、ネットや本に載っている企画書のフォーマットを参考にして形にした
のですが、課長から「この企画でほんとうに成功すると思うのか」と強く言われました。
さらにチームメンバー内ではよくわからないマーケティング用語が飛び交い、理解が
おぼつかない状況でした。このままではいけないと思って、自分でも勉強して何とか
皆に追いつこうとは思っているのですが、モチベーションが上がらず、相談する人も
いないので、今後はどうしたらいいのか…。

（以下略）

所感（キャリアコンサルタントの見立てと今後の方針）
・【下線B】と応答した意図は、（以下略）

（以下略）

1/3 設問1の解き方

【設問1】
事例記録の中の「相談の概要」【略 A】の記載に相当する、相談者がこの面談で相談したいことは何か。
事例記録を手掛かりに記述せよ。

　設問1は相談者の主訴を問う問題です。

　先に設問1の『解答の型』を皆さんに提案させていただきます。設問1は90字前後記載するのが1つの目安となりますが、文章の構成は以下で検討してください（詳細は後述します）。

A「状況把握・きっかけ」＋ B「感情・意向」

※必ずしも1つずつに絞ることはなく、それぞれ2つ以上になる場合もあります。

合計90字前後

　設問1では相談者の言葉を正確に拾いながら解答することが重要です。可能な限り事例記録にある言葉をそのまま使うようにしましょう。

　特に感情・意向について表現されている箇所を自分の言葉で要約や意訳してしまうと、解釈やニュアンスを誤ってしまう恐れがありますので注意が必要です。

　また解答の順番は、まず「状況把握・きっかけ」、次に「感情・意向」を記載していきます。「状況把握・きっかけ」と「感情・意向」は必ずしも1つずつに絞ることはなく、2つずつ以上になる場合もあります。

解答の文末は設問1の問題文で「この面談で相談したいことは何か」と問われていますので、必ず「〜こと」で終わらせるようにしましょう。以下、設問1の解き方についてポイントをまとめます。

【設問1】　解答作成のポイント

▶ 事前準備編

- 解答文字数は90字前後を目安とする。
- 可能な限り事例記録にある言葉をそのまま使う。
- A「状況把握・きっかけ」には直線（ー）を、B「感情・意向」には波線（〜）を引く。
- 行外に記述されたものは採点されないので、行内に収めるように記載する。

▶ 解答作成編

- 解答の順番として、先にA「状況把握・きっかけ」を記載し、次にB「感情・意向」を記載する。A＋B（90字前後を目安）

解答作成の4ステップ

第1ステップ	波線を引いたBの中からより優先順位の高いものを選択し、「問1で使う」と印を付ける。必ずしも1つずつに絞ることはなく、2つ以上になる場合もある。※問題には「設問1」と記載されているが、時間短縮のため「問1」など、自分がわかりやすい書き方で印をつける。
第2ステップ	直線を引いたAの中からBにつなげるためのAを選択し、「問1で使う」と印を付ける。Bを2つ選択したら、Aも2つ選択する。
第3ステップ	事例記録上で解答として使用する文言の文字数をカウントし、90字前後にまとめられるまで取捨選択を続ける。
第4ステップ	解答の最後は「〜こと」で終わらせる。

相談者情報：
Aさん、男性、28歳
略歴：四年制大学を卒業後、中小規模の食品メーカーで営業として 勤務。5年目。
家族構成：独身

面接日時：2023年1月上旬 本人の希望で来談（初回面談）

相談の概要：

【略A】

相談者の話した内容
カッコ内はキャリアコンサルタントの発言

　今の職場でやっていけるかという不安を感じて相談に来ました。

（今の職場でやっていけるか不安を感じてる…どのような不安か詳しくお話ししていただけます…

※問題には「設問1」と記載されていますが、時間短縮のため「問1で使う」など、自分がわかりやすい書き方で印をつけましょう。

問1で使う

　はい、私…　　　　　　　　　　　　　　　業の方法は、すでに取引実績のある　　　　　　　　　　　　　認や定期訪問、アフターフォローを　　　　　　　　　　　　　るため、会社全体で

　今回の改革では人事異動があり、一般営業の部門に配置されました。これまではお客様の問題解決業務だったのですが、新規顧客の開拓戦略を求められる部署になり、今とはガラッと変わってしまう状況に適応できるのかどうかという疑問を感じています…。さらに役職も上がり、副主任からグループリーダーになりました。新規顧客開拓の新企画を、グループリーダーの私が中心となってチームで進めるよう命じられたので、どうしたらいいかわからなくなってしまって・・・。

（新規開拓のグループリーダーを任されたとき、どのように思いましたか）【下線B】

部署が変わっていきなりのプロジェクト運営を任されるのは、やりがいを感じながらも本当に自分ができるのかどうかという不安の方が大きかったです。まだプロジェクトに入ったばかりですが、新規開拓部門のスタッフとは、これまで部署が違ったので、そんなに親しい関係が築けていません。ましてや相談するほどの間柄でもないので、もし失敗したらと考えるとどうすればいいのか、不安と戸惑いを感じています…。

（誰にも相談できない中で不安と戸惑いを感じてしまっているんですね）

　これまでは定期的な業務進行を前提として、日々の業務を円滑に進めることに集中してきました。会社からの評価は嬉しいのですが、いきなりやったことがない新規開拓に責任を求められることは、ちょっと自分には難しいと感じています。

（会社からの評価は嬉しいけれども、いきなりやったことがないものに責任を求められることは自分には難しいと感じているんですね）

略

　先日新規開拓のリストを受け取り、これを基に交渉や提案計画などを作成するよう言われたのですが、自分には企画書を作るなどのノウハウが全然なくてどうしたらいいものか悩んでしまいました。

（その時はどうされたのですか）

　とりあえず、ネットや本に載っている企画書のフォーマットを参考にして形にしたのですが、課長から「この企画でほんとうに成功すると思うのか」と強く言われました。さらにチームメンバー内ではよくわからないマーケティング用語が飛び交い、理解がおぼつかない状況でした。このままではいけないと思って、自分でも勉強して何とか皆に追いつこうとは思っているのですが、モチベーションが上がらず、相談する人もいないので、今後はどうしたらいいのか…。

（以下略）

所感（キャリアコンサルタントの見立てと今後の方針）
・【下線B】と応答した意図は、（以下略）

（以下略）

問1 で使う

問1 で使う

問1 で使う

問1 で使う

20

【参考解答例】

【設問1】
事例記録の中の「相談の概要」【略A】の記載に相当する、相談者がこの面談で相談したいことは何か。
事例記録を手掛かりに記述せよ。

未経験の新規開拓部署への異動と昇進に伴い、プロジェクトを任されることにやりがいを感じつつも本当に自分ができるのかと不安を感じ、相談できる人もおらず、今後どうしたらいいのか分からないこと。
（93字）

A（状況把握・きっかけ）

B（感情・意向）

問1で使うと印を付けた部分からこの解答を導き出しました。この場合はA（状況把握・きっかけ）とB（感情・意向）を2つずつ入れています。

21

【設問2】
事例記録の【下線B】について、この事例を担当したキャリア
コンサルタントがどのような意図で応答したと考えるかを記
述せよ。この面談で相談したいことは何か。面談記録を手掛
かりに記述せよ。

　設問2は真の問題（見立て）を明確化、検証するための応答と考えら
れます。

　意図とは「ある目的をもって、何か事をしよう、実現しようとすること」
です。つまり問2ではキャリアコンサルタントがどのような目的を持っ
て、何をしようとしたのかを記載します。単純に「気持ちを確認するた
め」「気持ちを深堀りするため」等と書くだけでは不十分です。

　解答文字数は90字前後を目安としてください。

　事例記録の【下線B】はこれから見立てを明らかにしていこうという
部分になるため、断定的な書き方は避け「と考える。」等で締めくくり
ましょう。

【設問2】　解答作成のポイント

▶ 事前準備編

・解答文字数は90字前後を目安とする。
・解答に【下線B】と重複する文言を書かないこと。
・可能な限り事例記録にある言葉をそのまま使う。
・【下線B】のキャリアコンサルタントの応答から、どのような見立てがあったのかを想像する。
・B「感情・意向」（波線）のうち、【下線B】の問いかけから類推される見立ての根拠となりそうな部分に「問2で使う」と印を付ける。
・文末は断定的な書き方は避け「と考える。」等で締めくくる。

▶ 解答作成編

・「問2で使う」と印を付けた箇所＋相談者にとっての効果（内省を促すなど）＋【下線B】の問いかけから類推される見立てを確認するための内容＋（どのような支援に繋げていきたいかを探る（※））＋「と考える。」で締めくくる。
※下線Bが前半に引かれている場合には支援を記載することが妥当ではない場合もある。
・行外に記述されたものは採点されないので、必ず行内に収めるように解答する。

相談者情報 ： A さん、男性、28 歳 略歴 ：四年制大学を卒業後、中小規模の食品メーカーで営業として 勤務。 5 年目。 家族構成 ：独身
面接日時 ：2023 年 1 月上旬 本人の希望で来談（初回面談）
相談の概要 ： <div align="center">【略 A】</div>

相談者の話した内容

カッコ内はキャリアコンサルタントの発言

　　今の職場でやっていけるかという不安を感じて相談に来ました。

（今の職場でやっていけるか不安を感じてる…どのような不安か詳しくお話ししていただけますか）

　　はい、私はこれまでルート営業の部門に 5 年いました。営業の方法は、すでに取引実績のある企業に対しての御用聞きではないですが、在庫の確認や定期訪問、アフターフォローを主に行っていました。ですがコロナ禍を経て、営業力 ▢▢▢るため、会社全体で大きな改革があったんです。

問 1 で使う

　　今回の改革では人事異動があり、一般営業の部門に配置されました。これまではお客様の問題解決業務だったのですが、新規顧客の開拓戦略を求められる部署になり、今とはガラッと変わってしまう状況に適応できるのかどうかという疑問を感じています ▢▢▢ で役職も上がり、副主任からグループリーダーになりました。新規顧客開拓 ▢▢▢、グループリーダーの私が中心となってチームで進めるよう命じられたので、 ▢うしたらいいかわからなくなってしまって・・・。

問 2 で使う

（新規開拓のグループリーダーを任されたとき、どのように思いましたか）【下線 B】

部署が変わっていきなりのプロジェクト運営を任されるのは、やりがいを感じながらも本当に自分ができるのかどうかという不安の方が大きかったです。まだプロジェクトに入ったばかりですが、新規開拓部門のスタッフとは、これまで話したこともなく、親しい関係が築けていません。ましてや相談するほどの間柄でもないので、もし失敗したらと考えるとどうすればいいのか、不安と戸惑いを感じています…。

（誰にも相談できない中で不安と戸惑いを感じてしまっているんですね）

これまでは定期的な業務進行を前提として、日々の業務を円滑に進めることに集中してきました。会社からの評価は嬉しいのですが、いきなりやったことがない新規開拓に責任を求められることは、ちょっと自分には難しいと感じています。

（会社からの評価は嬉しいけれども、いきなりやったことがないものに責任を求められることは自分には難しいと感じているんですね）

略

先日新規開拓のリストを受け取り、これを基に交渉や提案計画などを作成するよう言われたのですが、自分には企画書を作るなどのノウハウが全然なくてどうしたらいいものか悩んでしまいました。

（その時はどうされたのですか）

とりあえず、ネットや本に載っている企画書のフォーマットを参考にして形にしたのですが、課長から「この企画でほんとうに成功すると思うのか」と強く言われました。さらにチームメンバー内ではよくわからないマーケティング用語が飛び交い、理解がおぼつかない状況でした。このままではいけないと思って、自分でも勉強して何とか皆に追いつこうとは思っているのですが、モチベーションが上がらず、相談する人もいないので、今後はどうしたらいいのか…。

（以下略）

所感（キャリアコンサルタントの見立てと今後の方針）
・【下線B】と応答した意図は、（以下略）

（以下略）

【設問2】
事例記録の【下線B】について、この事例を担当したキャリアコンサルタントがどのような意図で応答したと考えるかを記述せよ。この面談で相談したいことは何か。面談記録を手掛かりに記述せよ。

「わからなくなってしまって」という言葉に込められた気持ちを深堀りすることで相談者自身の内省に繋げ、新しい部署や役職に対する気持ちと共に相談者が抱えている真の問題を明確化する意図があると考える。

（89字）

問2で使うと印を付けた部分からこの解答を導き出しました。

1/5　設問 3 の解き方

> 設問 3
> あなたが考える相談者の問題（①）とその根拠（②）について、
> 相談者の言動を通じて、具体的に記述せよ。

　設問 3 ではキャリアコンサルタントが見立てる相談者の表面に出ていない本質的な問題と、その根拠を解答します。相談者に本質的な問題に気付いてもらうことで、自律的な解決や意思決定に繋がります。

　見立ての候補は、自己理解不足／仕事理解不足／中長期キャリアビジョンの不足／コミュニケーション不足等（次頁図表 1-2 参照）、複数見つかりますが、設問 1 の主訴をふまえた上で根拠をもって、優先順位の高いものから 2 つ〜 3 つを選択することが重要です。

　見立ては 85 字前後、その根拠は 130 字前後を 1 つの目安としてください。また見立てはあくまでも仮説ですので、断定的な書き方は避け、「と思われる」「と考えられる」等で締めくくりましょう。

　次の表は、本書が推奨している見立ての型となりますので参考にしてみてください。

図表 1-2 見立ての型

POINT

相談者の『思い込み』や『自己効力感（モチベーション）の低下』によって、①自己理解不足、②仕事理解不足、③中長期キャリアビジョンの不足、④周囲とのコミュニケーション不足の問題に陥っているケースも多い。

思い込み	自己効力感 （モチベーション）の低下
事実や現実を無視または歪曲して信じ込んでいる状態を指す。思い込みは自己制限的な行動を引き起こし、キャリア選択や目標設定に問題が生じる。	「自分はできる自信がある」と考え、行動に移せる人は「自己効力感が高い」状態。一方で「自分にはできそうにない」と考え、行動に移せない人は「自己効力感が低い」状態である。

①自己理解不足

自身の強み、弱み、能力、スキル、価値観、目標、感情、適性などについて認識不足な状況を指す。自己理解を深めるには、自己内省を促す支援が重要。

③中長期キャリアビジョンの不足

個人が職業生活で達成したい具体的な目標が不足している状態。特定の職種、能力の開発、職業上の地位など、その人にとっての成功のイメージを表すもの。キャリアビジョンは自己実現の道筋を示し、行動や決断の指針となる。

②仕事理解不足（情報不足）

職業や職務の業務内容や要求されるスキルについての知識が足りない状態を指す。仕事理解不足によって理想と現実のギャップ、不安や不満が生じる原因となる。

④周囲とのコミュニケーション不足

会社の上司、同僚、部下、あるいは家族など、自身を取り巻く周囲とのコミュニケーションが不足している状態。

【設問 3】 解答作成のポイント

▶ 事前準備編

・文字数は相談者の問題（見立て）が 85 字前後、その根拠が 130 字前後を目安とする。
・相談者の問題（見立て）の候補は設問 1 の主訴をふまえた上で根拠をもって優先順位の高いものから 2 つ〜 3 つを選択する。
・設問 3 と設問 4 は密接に関連させながら解答する。
・相談者の問題（見立て）を書く際、各文末では断定的な表現は避け、「と思われる」「と考えられる」等で締めくくる。
・根拠はできるだけ相談者の発言からそのまま持ってくる。

▶ 解答作成編

①相談者の問題（見立て）（85 字前後）

・図表 1-2 相談者の問題（見立て）の型のうちどれを選択するか（2 あるいは 3 つ選択する）を検討しつつ、再度、A「状況把握・きっかけ」（直線）および B「感情・意向」（波線）を確認し、使えそうな箇所に「問 3 で使う」と印をつける。
・印をつけた箇所＋選択した相談者の問題（見立て）＋「と思われる。」で締めくくる。
・相談者の問題（見立て）として選択した数（2 あるいは 3 つ選択する）だけ文章をつくる。

②その根拠（130 字前後）

・①で相談者の問題（見立て）として選択した数（2 あるいは 3 つ選択する）だけ、それに対応した根拠の文章をつくる。
・①で相談者の問題として見立てた数だけ、①と対応させながら根拠を書く。根拠はできるだけ相談者の発言からそのまま持ってくる。

相談者情報：
Aさん、男性、28歳
略歴：四年制大学を卒業後、中小規模の食品メーカーで営業として 勤務。5年目。
家族構成：独身

面接日時：2023年1月上旬 本人の希望で来談（初回面談）

相談の概要：

【略A】

相談者の話した内容
カッコ内はキャリアコンサルタントの発言

　今の職場でやっていけるかという不安を感じて相談に来ました。

（今の職場でやっていけるか不安を感じてる…どのような不安か詳しくお話ししていただけますか）

　はい、私はこれまでルート営業の部門に5年いました。営業の方法は、すでに取引実績のある企業に対しての御用聞きではないですが、在庫の確認や定期訪問、アフターフォローを主に行っていました。ですがコロナ禍を経て、営業力□□□□□るため、会社全体で大きな改革があったんです。

問1 で使う

　今回の改革では人事異動があり、一般営業の部門に配置されました。これまではお客様の問題解決業務だったのですが、新規顧客の開拓戦略を求められる部署になり、今とはガラッと変わってしまう状況に適応できるのかどうかという疑問を感じています□□□に役職も上がり、副主任からグループリーダーになりました。新規顧客開拓□□□□□を、グループリーダーの私が中心となってチームで進めるよう命じられたので、□うしたらいいかわからなくなってしまって・・・。

問2 で使う

（新規開拓のグループリーダーを任されたとき、どのように思いましたか）【下線B】

部署が変わっていきなりのプロジェクト運営を任されるのは、やりがいを感じながらも本当に自分ができるのかどうかという不安の方が大きかったです。まだプロジェ ク～～ったばかりですが、新規開拓部門のスタッフとは、これまで部～～た の～～と親しい関係が築けていません。ましてや相談するほどの間柄でもないので、もし失敗したらと考えるとどうすればいいのか、不安と戸惑いを感じています…。
（誰にも相談できない中で不安と戸惑いを感じてしまっているんですね）

問1で使う

これまでは定期的な業務進行を前提として、日々の業務を円滑に進めることに集中 してきました。会社からの評価は嬉しいのですが、いきなりやったことがない新規開 拓に責任を求められることは、ちょっと自分には難しいと感じています。
（会社からの評価は嬉しいけれども、いきなりやったことがないものに責～～ら れることは自分には難しいと感じているんですね）

問3で使う

略

先日新規開拓のリストを受け取り、これを基に交渉や提案計画などを作成するよう 言われたのですが、自分には企画書を作るなどのノウハウが全然なくてどう～～たらい いものか悩んでしまいました。
（その時はどうされたのですか）

問3で使う

とりあえず、ネットや本に載っている企画書のフォーマットを参考にして形にした のですが、課長から「この企画でほんとうに成功すると思うのか」と強く言われました。 さらにチームメンバー内ではよくわからないマーケティング用語が飛び交い、理解が おぼつかない状況でした。このままではいけないと思って、自分でも勉強して何とか 皆に追いつこうとは思っているのですが、モチベーションが上がらず、相談する～～ いないので、今後はどう～～たらいいのか…。

問1で使う

問1で使う

（以下略）

所感（キャリアコンサルタ～～の見立てと今後の方針）
・【下線B】と応答した意図は、（以下略）

問3で使う

（以下略）

設問3
あなたが考える相談者の問題（①）とその根拠（②）
について、相談者の言動を通じて、具体的に記述せよ。

①問題

1 自己理解不足により未経験でグループをまとめて
いくことが難しいと感じていること、2 新規開拓業
務の仕事理解不足、3 課長や周囲とのコミュニケー
ション不足が問題だと思われる。
　（84 字）

②その根拠

　1「いきなりやったことがない新規開拓に責任を求
められることは、ちょっと自分には難しいと感じ
ています。」という発言、2「ノウハウが全然なく
てどうしたらいいものか悩んでしまいました。」と
いう発言、3「課長から〜強く言われました。」、「相
談する人もいない」という発言から。
　（129 字）

1/6　設問4の解き方

> 設問4
> 設問3で答えた内容を踏まえ、今後あなたがこのケースを担当するとしたら、どのような方針でキャリアコンサルティングを進めていくか記述せよ。

　設問4はあなたが考えるキャリアコンサルティングの方針を、設問3で解答した見立てを踏まえて、それぞれのつながり、関係性を意識して解答しなければなりません。

　型として以下の3つのブロックに構成を分けて検討すると解答しやすくなります。

ブロック1 （60字前後）	受け止め、共感、ラポールの形成について書く。例えば「相談者の今までの努力を認め、相談者の気持ちに寄り添いながら引き続きラポールの形成、強化に努める」など。
ブロック2 （170字前後）	設問3で解答した問題点（見立て）に対応する具体的な応答、具体的な支援内容や問いかけ、具体的なアセスメントツールを1つずつ対応させながら丁寧に解答する。
ブロック3 （40字程前後）	今後どのように支援していくかで終える。例えば「主体的に意思決定できるように支援する」「自律的に考えて意思決定できるように支援する」「前向きに●●できるように働きかける」など。

ブロック 2 の支援策については、次に挙げる主な相談者の問題と支援策を参考にしてください。

図表 1-3 主な相談者の問題（見立て）とそれに対応する支援策の例

相談者の問題	支援策の例
自己理解不足	・ジョブ・カードの職務経歴シートで自分の経験や能力を整理する。 ・キャリアアンカーで自分にとって何が最も重要な価値となっているかを見つけ出す。
仕事理解不足（情報不足）	・jobtag の職業興味検査で職業興味の特徴を調べる。 ・jobtag の価値観検査でしごとの価値観を診断する。 ・jobtag を用いて業界研究を行う。
中長期キャリアビジョンの不足	・ジョブ・カードのキャリアプランシートで強み・弱み・知識・能力・スキル、価値観などを整理し、将来的に就きたい職業や、これからの仕事についての考えを明確にする。

【設問4】 解答作成のポイント

▶ 事前準備編

・文字数は 270 字前後を目安とする。
・設問 3 と設問 4 はそのつながり、関係性を意識して解答すること。
・必ず設問 3 で解答した相談者の問題（見立て）と関連する（問題を解消していける）支援策を検討すること。
・設問 4 の解答は、以下の 3 つの構成を意識する。
ブロック 1：設問 1 で解答した主訴に寄り添いラポール形成を継続
ブロック 2：設問 3 で解答した相談者の問題（見立て）と、具体的な支援策
ブロック 3：相談者の主訴を踏まえて今後どのように支援していくか

▶ 解答作成編

ブロック 1（60 字前後）

・再度、A「状況把握・きっかけ」（直線）および B「感情・意向」（波線）を確認し、ブロック 1 で使えそうな箇所に「問4 ブロック 1 で使う」等と印をつける。
・印を付けた箇所＋設問 1 で解答した主訴に寄り添い＋「引き続きラポールの形成につとめる」等で構成する。

ブロック 2（170 字前後）

・設問 3 で解答した相談者の問題（見立て）に対応した具体的な支援策を解答する。
・支援策は設問 3 で解答した相談者の問題（見立て）の数だけそれぞれ対応させて解答すること。

ブロック 3（40 字前後）

・相談者の主訴をしっかり踏まえること。「主体的に意思決定できるように支援する」「自律的に考えて意思決定できるように支援する」「前向きに●●できるように働きかける」等で締めくくる。

相談者情報：
Aさん、男性、28歳
略歴：四年制大学を卒業後、中小規模の食品メーカーで営業として 勤務。5年目。
家族構成：独身

面接日時：2023年1月上旬 本人の希望で来談（初回面談）

相談の概要：

【略A】

相談者の話した内容
カッコ内はキャリアコンサルタントの発言

　今の職場でやっていけるかという不安を感じて相談に来ました。

（今の職場でやっていけるか不安を感じてる…どのような不安か詳しくお話ししていただけますか）

　はい、私はこれまでルート営業の部門に5年いました。営業の方法は、すでに取引実績のある企業に対しての御用聞きではないですが、在庫の確認や定期訪問、アフターフォローを主に行っていました。ですがコロナ禍を経て、営業力□□□□□るため、会社全体で大きな改革があったんです。

問1
で使う

　今回の改革では人事異動があり、一般営業の部門に配置されました。これまではお客様の問題解決業務だったのですが、新規顧客の開拓戦略を求められる部署になり、今とはガラッと変わってしまう状況に適応できるのかどうかという疑問を感じています□□□□□に役職も上がり、副主任からグループリーダーになりました。新規顧客開□□□□、グループリーダーの私が中心となってチームで進めるよう命じられたので、□うしたらいいかわからなくなってしまって・・・。

問2
で使う

（新規開拓のグループリーダーを任されたとき、どのように思いましたか）**【下線B】**

　部署が変わっていきなりのプロジェクト運営を任されるのは、やりがいを感じながらも本当に自分ができるのかどうかという不安の方が大きかったです。まだプロジェクトの始まったばかりですが、新規開拓部門のスタッフとは、まだそこまで親しい関係が築けていません。ましてや相談する柄でもないので、もし失敗したらと考えるとどうすればいいのか、不安と戸惑いを感じています…。
（誰にも相談できない中で不安と戸惑いを感じてしまっているんですね）

問1で使う

問4ブロック1で使う

問1で使う

　これまでは定期的な業務進行を前提として、日々の業務を円滑に進めることに集中してきました。会社からの評価は嬉しいのですが、いきなりやったことがない新規開拓に責任を求められることは、ちょっと自分には難しいと感じています。
（会社からの評価は嬉しいけれども、いきなりやったことがないものに責任を求められることは自分には難しいと感じているんですね）

問3で使う

　　　　　　　　　　　　略

　先日新規開拓のリストを受け取り、これを基に交渉や提案計画などを作成するよう言われたのですが、自分には企画書を作るなどのノウハウが全然なくてどうしたらいいものか悩んでしまいました。
（その時はどうされたのですか）

問3で使う

問3で使う

　とりあえず、ネットや本に載っている企画書のフォーマットを参考にして形にしたのですが、課長から「この企画でほんとうに成功すると思うのか」と強く言われました。さらにチームメンバー内ではよくわからないマーケティング用語が飛び交い、理解がおぼつかない状況でした。このままではいけないと思って、自分でも勉強して何とか皆に追いつこうとは思っているのですが、モチベーションが上がらず、相談する人もいないので、今後はどうしたらいいのか…。

問1で使う

（以下略）

問1で使う

問3で使う

所感（キャリアコンサルタントの見立てと今後の方針）
・【下線B】と応答した意図は、（以下略）

　　　　　　　　　　　（以下略）

設問4
設問3で答えた内容を踏まえ、今後あなたがこのケースを担当するとしたら、どのような方針でキャリアコンサルティングを進めていくか記述せよ。

本当に自分にできるのかという相談者の不安な気持ちに寄り添い、これまで頑張ってきたことを労いつつ、引き続きラポールの形成につとめる。相談者の合意のもと、自己理解不足の解消に向けてジョブ・カード等を使って業務経験の棚卸と整理を行い、自身の強みを一緒に確認していく。またグループリーダーとしての役割等について問いかけを行い、会社から求められていることについて気付きを促し仕事理解を深める。加えて課長やメンバーのみならず、同僚や他部署の人に相談できないかを共に確認する。これらにより相談者が自律的に考え、前向きに仕事に取り組めるよう支援を継続していく。

（272字）

1 / 7 演習問題

演習問題 1

相談者情報：
Aさん、女性、41歳
略歴：四年制大学を卒業後、中小規模の食品メーカーで営業として 勤務。19年目。
家族構成：独身

面接日時：2023年2月上旬 本人の希望で来談（初回面談）

相談の概要：
【略A】

相談者の話した内容
カッコ内はキャリアコンサルタントの発言

　1年前に課長に昇進したのですが、課長として部下たちをまとめきれずに焦っています。

（課をまとめられずに焦っているというのは、何かあったのでしょうか）

　はい。先日、部下達に簡単な企画書の作成をお願いしたのですが、ほとんど内容がないものだったので、結局私が企画書を書いたということがありました。どうして簡単な企画書も作成できないんだろうと思うと今後どうしたらいいかわからなくなってしまって…

（思ったような企画書を部下の方々が作成してくれず、どうしたらいいかわからなくなってしまったんですね）

はい。私は営業部に 19 年間所属し、様々な得意先を担当していくつもの企画を立ち上げてきました。その経験を活かして若い方を育ててほしいと言われて課長に昇進しました。課長になってからはこれまで経験して来たことを活かして、率先して部下の手本になろうと思って、1 年間仕事をしてきました。

（これまで課長として、みんなのお手本になろうと思って接してこられたということですね）

　はい。これまでも企画書を作成する機会には、実際に私が作成した企画書を見せたり、「このように書いてみたら」と私が提案をしたりしてきました。そこで今回は部下達に任せてみたのですが、結局良い企画書ができずに私が一から書き直さなければなりませんでした。

（そのときはどのように思われたのですか）【下線 B】

　自分が空回りしてしまっている気がしました。これまでいろいろ伝えて来ましたが、部下達は、私の言うことややることをわかってくれていないように思います。また会社からの期待にも応えられていないなと感じました。

（会社からの期待に応えられていないというのは何かあったんですか）

　はい、部長から「部下が積極的に仕事をしていないのではないか」と言われてしまいました。自分としてはしっかり取り組んでいるつもりでしたが、良い結果が残せずにいる状況です。部下のやる気を大切にしたいし、良い関係を築きたいと思っているのですが、どうすれば部下を育成できるのかが分からなくなってしまって…。

（以下略）

所感（キャリアコンサルタントの見立てと今後の方針）
・【下線 B】と応答した意図は、（以下略）

（以下略）

✏️ 演習問題1　　解答例

設問1　（10点）

課長に昇進し部下の手本となるよう自身の経験を伝えてきた
が、任せた企画書は良いものができず、会社の期待にも応え
られていないので、どうすれば部下を育成できるのかわから
なくなってしまったこと。

（92字）

設問2　（10点）

企画書を一から書き直さなければならなかった思いを受け止
め、寄り添いながら深く問いかけることによって相談者の内
省を促し、部下に対する思いや真の問題を明確化する意図が
あったと思われる。

（90字）

設問3　（20点）2×10点

①問題

　1 自分のやり方をそのまま部下に求めていることに気付い
ていない自己理解不足、2 会社から求められていることの仕
事理解不足、3 部下とのコミュニケーション不足が問題だと
考えられる。

（86字）

②その根拠

1「自分としてはしっかり取り組んでいるつもり」という発言から、2「会社からの期待にも答えられていないなと感じました。」という発言から、3「どうして簡単な企画書も作成できないんだろう」、「私の言うことややることをわかってくれていないように思います。」という発言から。

(131字)

設問4　（10点）

部下を育成するためにどうすればいいかという気持ちに寄り添い、課長として1年悩みながらも頑張ってきたことを労いつつラポールを深めていく。1自己理解を深めるためにこれまで19年間で培われてきた経験、スキルなど棚卸し、部下によりわかりやすく伝えられる方法がないかを共に探る。2会社から求められる能力・スキル等を正しく理解できるようサポートする。3部下からはどのような発言があるか、部下との接し方等を深堀りし、コミュニケーション不足の解消につなげる。これらを行い今後課長として自律的に考え、主体的に意思決定ができるように支援を継続していく。

(267字)

✏ 演習問題 2

相談者情報： A さん、男性、24 歳 略歴：四年制大学を卒業後、就活に失敗し卒業後に介護職に就く。1 年目。 家族構成：家族と 3 人暮らし
面接日時：2022 年 11 月上旬 本人の希望で来談（初回面談）
相談の概要： **【略 A】**
相談者の話した内容 カッコ内はキャリアコンサルタントの発言 　介護職に就いて一年が経ちました。大学在学中に就職活動はしたのですが、ほとんど書類選考で落ち、面接までたどり着けても 1 次面接で落ちてしまっていたので途中から諦めてしまい、しばらくの間はフリーターをしてました。でも、このままではいけないと思い、求職者向けオンラインセミナーに参加して、その時に行った自己分析の結果から、介護の職種に少し関心を持つようになり、そこで紹介された介護施設での就労体験に参加してみたんです。 （自己分析の結果から、介護の職種に関心を持ち、介護施設の就労体験に行かれたのですね） 　その施設では、スタッフが活発に働きながら、利用者さんとの良好な関係を築いている光景に触れて、素晴らしい仕事だなと感じました。また、働きながら介護福祉士の資格も取れるし、なんか将来的に役立つ感じがしたので、これも縁だ

と感じ、そのまま介護施設で働かせていただくことになりました。でも、実際に働きだすと、利用者さんとの関係が円滑に進まず、自分自身が十分に利用者さんのことを考えていないように思えてきてしまって、どんな努力をしても成果を出せないんじゃないかと日々反省するばかりで…。

（実際に働いてみて、利用者さんのことを考えていないと思えるような出来事があったのですか）【下線B】

　自護施設内でのレクリエーションゲームの最中に、一人の利用者さんが私に向かって手を挙げて呼んでいたのですが、私は全く気付かず、他のスタッフが迅速に駆けつけ、素早く対応していたんです。私はその時ボーっとしていて、全く反応できなかったことに正直恥ずかしくなりました。

（素早く対応できなかったことに不甲斐ない気持ちになってしまったんですね）

　はい。そんな時に就活がうまくいかなかったことが蘇ってきて、何をやっても成果を出せないと考えるようになってしまって…この先、このままこの仕事を続けていくのがいいのか、それとも早いうちに転職をすべきか…どうすればいいのか分からなくなってしまいました。

（以下略）

所感（キャリアコンサルタントの見立てと今後の方針）
・【下線B】と応答した意図は、（以下略）

（以下略）

演習問題2 解答例

設問1 （10点）

　介護施設で働くことになったが、利用者との関係が円滑に進ま
ず、どんな努力をしても成果を出せないと考え、このまま仕事
を続けていくのがいいのか、転職すべきか分からなくなってし
まったこと。
（93字）

設問2 （10点）

　具体的にどのような出来事があったのかを問いかけること
により、利用者さんとの関係や何をもって成果と考えるか
相談者の内省や気付きを促し、真の問題は何かを明確化す
る意図があったと考える。
（90字）

設問3 （10点）2×10点

①問題
　1 一度の失敗で何をやっても成果を出せないという思い込
みと自己理解不足、2 介護の仕事で求められることの仕事
理解不足及び周りのスタッフとのコミュニケーション不足
が問題だと思われる。
（88字）

②その根拠

1「十分に利用者さんのことを考えていないように思えてきてしまって」「何をやっても成果を出せないと考えるようになってしまって」という発言から 2「他のスタッフが迅速に駆けつけ、素早く対応していた」「全く反応できなかったことに正直恥ずかしくなりました」という発言から。

（132字）

設問4 （10点）

日々反省しているという相談者の気持ちに寄り添い、就労体験から介護という現場に携わってきたことを称賛し、ラポールを深める。その上で、1仕事の失敗と就職活動を関連付けて何をやっても成果を出せないと考える思い込みへの気付きを促し、相談者の了承を得たうえでジョブ・カードを用いて自分の強み、弱みを共に正しく整理していく。2周囲とのコミュニケーションを確認しながら、自分に求められていること、周囲と協力すべきことへの情報整理を行いながら仕事理解を深められるよう支援を行う。以上により相談者が、主体的に今後の働き方について意思決定できるようサポートしていく。

（275字）

✏ 演習問題 3

> ※演習問題 3 の解答例は LINE お友だち登録無料特典のマイページ
> に掲載しています。LINE お友だち登録の方法は本書籍のカバー
> の前袖と本書籍の P2 ～ 3 に掲載していますのでご確認ください。

相談者情報：

Ａさん、男性、58 歳

四年制大学の工学部を卒業後、中堅の機械メーカー会社へ入社して 36 年目。

現在は課長職で定年は 60 歳。

家族構成：妻 56 歳、長男 31 歳、次男 28 歳

面接日時：2022 年 11 月上旬 本人の希望で来談（初回面談）

相談の概要：

【略 A】

相談者の話した内容

カッコ内はキャリアコンサルタントの発言

　今、58 歳でもうすぐ定年を迎えるのですが、このまま今の会社で仕事を続ける
か、新しい仕事を探すかで迷っているんです。

（今から定年後について考えておこうと思っていらっしゃるんですね）

　はい。そうなんです。私はエンジニアでプレイングマネージャーとして管理も
しているのですが、会社には再雇用制度があるので再雇用を希望すれば 65 歳まで
働けることになっています。

（再雇用制度があるのですね）

はい。ですが、再雇用されても同じ職場で働けるわけではなく、役職も外されて、更には給料も半分以上ダウンするんです。

（同じ職場や待遇では働けないことがわかっていらっしゃる）

　はい。同じ職場は難しいとしても、今と同じ待遇を希望しているので、再雇用の条件を全て受け入れられない自分がいます。でも、そうは言っても、この年齢で再就職ができるのかどうかも分からないまま退職して路頭に迷ってしまうのも困りますし…。どうしたらいいものかと。

（再雇用でも転職でも、お仕事の内容よりも同じ待遇での雇用を希望されているのですね）【下線B】

　はい。どちらにしても現状維持が希望です。役職にはそんなにこだわりはないのですが、給料面は今の暮らしの質を下げたくないというのもあって、大幅ダウンは避けたいと思っています。でも、転職を考えた時にそんなわがままが通じるのかどうか…。

（希望通りの転職ができるのだろかということも考えらているんですね。今後のお仕事を考えるうえで他にも何か気になることはありますか）

　自分が長く勤めてこれたのは、職場の仲間に恵まれて、やりがいのある仕事ができたからだと思います。これから同じような環境で働くことは難しいかもしれませんが、せっかく働くのであれば、人や社会の役に立つ仕事をしたいと思います。

（社会の役に経つお仕事をされたいと思っている）

　働かないと、家でも外でも肩身が狭くなってつらいのではないかと思っています。でもどんな会社に転職すればよいかわからなくて。

（以下略）

所感（キャリアコンサルタントの見立てと今後の方針）
・【下線B】と応答した意図は、（以下略）

（以下略）

演習問題 4

※演習問題 4 の解答例は LINE お友だち登録無料特典のマイページ
に掲載しています。LINE お友だち登録の方法は本書籍のカバー
の前袖と本書籍の P2 ～ 3 に掲載していますのでご確認ください。

相談者情報：
Aさん、男性、30 歳 四年制大学商学部を卒業後、中堅のレジャー産業サービス会社へ入社して 7 年目。 現在は主任職。 家族構成：独身
面接日時：2022 年 11 月上旬 本人の希望で来談（初回面談）
相談の概要： **【略 A】**
相談者の話した内容 カッコ内はキャリアコンサルタントの発言

　現在、主任をしていて、人事評価や給与等、待遇の面で不満があり、先日退職
の意思を上司に伝えました。いろいろと上司から引き止められたのですが、現状
の仕事とやりたい仕事のギャップもあり、疑問ばかり浮かんでくるようになって
しまったので、このまま継続していくことが難しいと思い退職を決意しました。
上司と話してなんとか 3 ヶ月後に辞めることでまとまったんです。
（上司に退職の意思を伝えて、3 か月後に退職が決まったんですね）
　はい。何とか退職できそうだと思ってホッとしました。ですが、私の後任とし
て後輩が配属され現場の引継ぎをしながら業務をしていたら、その後輩がついこ
の間、何も言わずに退職してしまったんです。

（引継ぎをしていた後輩の方が先に辞められてしまったんですね。そのときはどのような気持ちになりましたか）【下線B】

　　驚きもありましたが、ショックの方が大きくて、自分はこの後どうすればいいのか悩んでしまいました。退職まであと少しですが、今すぐにでも辞めたい気持ちでいっぱいです。

（ご自身の退職はどうなるか悩まれたんですね。後輩の退職について上司の方とお話はされたのでしょうか）

　　はい。上司に何か後輩から聞いていたか確認してみたのですが、「俺にも分からないし、何も知らない。」と言うだけで、人事に掛け合うこともなかったんです。何だかこれ以上ギスギスしたくなかったので、その時はそれ以上聞くのをやめてしまいました。

（上司との関係性を考えて聞くのをやめられたんですね）

　　はい。現場の作業ができるのは上司と自分だけですし、退職まで仕事を投げ出すわけにはいかないので、今はできることをやっておこうと気持ちを切り替えました。でも結局、自分自身の業務量が増えてしまって、引継ぎができないままでいる現状を見て、上司は何を考えているのだろう…と。

（引継ぎをしなければならないのに更に業務量が増えて、上司の考えが分からなくなっているんですね）

　　はい。上司からは「辞めると言っても、辞めるまでは社員だからね」と言われてしまいました。先に辞めることを伝えていたのに、なぜ引継ぎをするはずだった後輩には何も言わないのか不思議で、これから退職までどう過ごしたらいいのか…。それに、今になって本当に辞められるのか不安になってきました。

（以下略）

所感（キャリアコンサルタントの見立てと今後の方針）

・【下線B】と応答した意図は、（以下略）

（以下略）

面接 試験対策

キャリアコンサルティング協議会

2/1 面接試験の全体像

　実際のキャリア面談は 60 分間など、比較的長い時間をとることが多いのですが、国家資格キャリアコンサルタント実技試験は、15 分間の面接＋ 5 分間の口頭試問で行われます。また 15 分間の面接は、あくまでも初回面談の冒頭 15 分間という位置づけとなっています。15 分間で面談のすべてを完結させ、何らかの結果を出すところまでは求められていません。

　次の図表 2-1 は、面接試験の全体像になります。

図表 2-1 面接試験の全体像

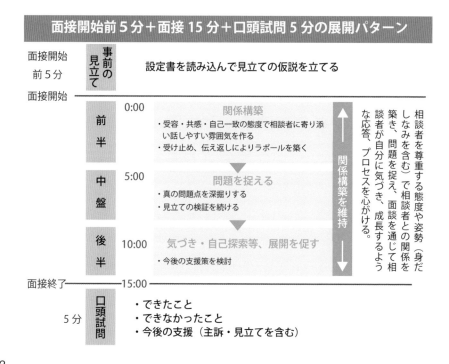

面接前に見立てる

面接が始まる前に勝負は決まっている

　試験当日は面接が開始される前に、相談者の設定が書かれた紙を係の方から渡されます。ここから面接試験開始まで5分程度ありますので、この時間を有効に活用しなければなりません。以下は、渡される設定書の一例です。

・木内信二

・61歳

・設定（例）

　大手広告代理店を3月に定年で退職。別の広告代理店に営業として再就職し、7か月目。妻58歳、娘20歳、息子25歳（独立して別居）。

　設定書には性別や年齢、簡単な職歴等が書かれています。この設定を読み込み、どのような問題が考えられるか、本番の面接試験前にしっかりと見立てておくことがとても重要です。もちろん実際の面接試験で相談者の話を聞いていくと、最初に考えた見立てとは異なっていることもあります。しかし面接試験で扱われやすい属性はいくつかのパターンがあるので、ここで見立てを立てておくことで、落ち着いて面接試験にのぞむことができるようになります。

この設定の相談者の見立てとして、例えば次のようなことが考えられるかもしれません。

図表 2-2 見立ての検討

見立ての型	考えられる見立て
思い込み	会社にも求められているのは人脈や経験を活かした営業面だけだと思い込んでいるのではないか
自己効力感（モチベーション）低下	転職したが思ったようにいかず、モチベーションが低下しているのではないか
自己理解不足	自分のスキルや強みについて正しく棚卸ができていないのではないか
仕事理解不足（情報不足）	会社からは若い方への指導やアドバイスも期待されている可能性があるということに気付いていないのではないか
中長期キャリアビジョンの不足	転職することを当面の目的として、その会社でどのようにキャリアを活かして仕事をしていくのかが考えられていないのではないか
周囲とのコミュニケーション不足	若い方とコミュニケーションが不足しているのではないか

　面接が開始される前、5分程度の間にこの設定書から相談者の見立てを2つないし3つほど必ず検討してください。事前に見立てることで安心して面接にのぞむことができるようになります。ここではこの事前見立てが合っているのかどうかは関係ありません。むしろ間違っていることの方が多いかもしれません。この後の15分の面接の中で、事前にあなたが立てた見立てを検証していくことこそが重要です。

　面接が始まる前に勝負は決まっているのです。

　再掲 図表 1-2 見立ての型を思い出しながらあなたも一緒に考えてみてください。

再掲 図表 1-2 見立ての型

相談者の『思い込み』や『自己効力感（モチベーション）の低下』によって、①自己理解不足、②仕事理解不足、③中長期キャリアビジョンの不足、④周囲とのコミュニケーション不足の問題に陥っているケースも多い。

思い込み

事実や現実を無視または歪曲して信じ込んでいる状態を指す。思い込みは自己制限的な行動を引き起こし、キャリア選択や目標設定に問題が生じる。

自己効力感 （モチベーション）の低下

「自分はできる自信がある」と考え、行動に移せる人は「自己効力感が高い」状態。一方で「自分にはできそうにない」と考え、行動に移せない人は「自己効力感が低い」状態である。

①自己理解不足

自身の強み、弱み、能力、スキル、価値観、目標、感情、適性などについて認識不足な状況を指す。自己理解を深めるには、自己内省を促す支援が重要。

③中長期キャリア ビジョンの不足

個人が職業生活で達成したい具体的な目標が不足している状態。特定の職種、能力の開発、職業上の地位など、その人にとっての成功のイメージを表すもの。キャリアビジョンは自己実現の道筋を示し、行動や決断の指針となる。

②仕事理解不足 （情報不足）

職業や職務の業務内容や要求されるスキルについての知識が足りない状態を指す。仕事理解不足によって理想と現実のギャップ、不安や不満が生じる原因となる。

④周囲とのコミュニ ケーション不足

会社の上司、同僚、部下、あるいは家族など、自身を取り巻く周囲とのコミュニケーションが不足している状態。

面接15分間の展開パターン
（マイクロカウンセリング技法）

　面接の15分間は、マイクロカウンセリング技法の「基本的傾聴の連鎖」を活用していきます。具体的には、図表2-3 マイクロカウンセリング技法の階層表にある、開かれた質問、閉ざされた質問、はげまし、いいかえ、要約、感情の反映を15分の面接のなかで連鎖的に繰り返し用いることでラポールを形成し、真の問題点を深堀りして、相談者の自己探索や気づきを促していきます。

図表 2-3 マイクロカウンセリング技法の階層表

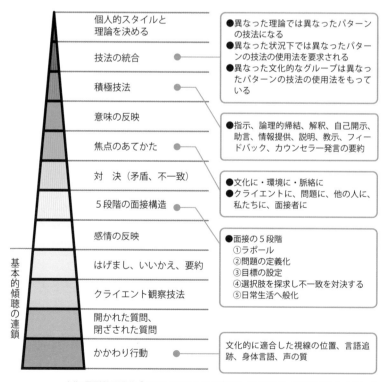

出典：福原眞知子監修『マイクロカウンセリング技法』（風間書房）、2018年8月、2ページ

　面接の15分間を通して『相談者を尊重する態度や姿勢（身だしなみを含む）で、相談者との関係を築き、問題を捉え、面談を通じて相談者が自分に気づき、成長するような応答、プロセスを心がける』ことが求められます。この15分間を前半・中盤・後半の3つのブロックに分けると、それぞれの時間帯でそれぞれ次のように展開することが求められます。

①（前半）開始〜5分程度
＜関係構築＞
・受容、共感、自己一致の態度で相談者に寄り添い話しやすい雰囲気を作る ・受け止め、伝え返し等によりラポールを築く
②（中盤）5分〜10分程度
＜問題を捉える＞
・真の問題点を深堀りする ・見立ての検証を続ける
③（後半）10分〜15分程度
＜気付き・自己探索等展開を促す＞
・今後の支援策を検討

関係構築を維持

再掲 図表 2-1 面接試験の全体像

面接開始前 5 分＋面接 15 分＋口頭試問 5 分の展開パターン

面接開始 前 5 分

事前の見立て

設定書を読み込んで見立ての仮説を立てる

面接開始 ──────────────────────────────

0:00

前半

関係構築
・受容、共感、自己一致の態度で相談者に寄り添い話しやすい雰囲気を作る
・受け止め、伝え返し等によりラポールを築く

5:00

中盤

問題を捉える
・真の問題点を深掘りする
・見立ての検証を続ける

10:00

後半

気づき・自己探索等、展開を促す
・今後の支援策を検討

面接終了 ──────── 15:00 ──────────────

5 分

口頭試問

・できたこと
・できなかったこと
・今後の支援（主訴・見立てを含む）

関係構築を維持

相談者を尊重する態度や姿勢（身だしなみを含む）で相談者との関係を築き、問題を捉え、面談を通じて相談者が自分に気づき、成長するような応答、プロセスを心がける。

COLUMN

　キャリアコンサルタントの面接試験では、シュロスバーグの4S を活用することができます。シュロスバーグは転機（トランジション）を①予測していた転機、②予測していなかった転機、③予測していたことが起きなかった転機の3つに分類しましたが、転機を対処する際に点検すべき4つの資源が4S です。

　シュロスバーグが提唱した4S は状況（situathion）、自己（self）、支援（support）、戦略（strategy）の4つです。面談ではどのような事を確認していけばよいか、具体例を挙げます。

状況 （situation）	・現在の状況 ・転機のきっかけ・原因 ・状況がどのくらい続いているか ・転機によってどのような影響があったか
自己 （self）	・自分の気持ち ・知識やスキル ・大切にしていること ・仕事とそれ以外のバランス ・自信があるか ・変化にどのように対応しようと思っているか
支援 （support）	・家族、同僚、上司など周囲との人間関係 ・応援してくれる人はいるか ・支援してくれる機関はあるか ・キーパーソンはいるか
戦略 （strategy）	・今後どうしていきたいか ・今後どのようになってほしいと思うか

　これを読んでいただいている方は受験間近の方が多いかと思います。今すぐに4S を実践で取り入れることが難しいようでしたら、受験後でも構いませんので、面談に取り入れて活用してみてください。

口頭試問対策（5分）

　口頭試問も評価の対象になっており、自分はどのように面談をしたかを客観的に振り返ることが求められています。口頭試問では次のようなことを問われます。面接によっては必ずしも3問問われると決まっているわけではありませんが、常にこの3つは最低限答えられるように準備をしておきましょう。

> ①できたことを教えてください
> ②できなかったことを教えてください
> ③今後どのように支援をしていきたいですか

　ここで最も注意していただきたのは、誰かから借りてきた言葉ではなく、あなた自身の言葉で自分らしく伝えていただきたいということです。本番当日の面接では誰もが緊張するものです。15分の面接があなたの思うようにいかないかもしれません。そんな時こそ、目の前の試験官に一生懸命自分の言葉で相談者や面接の状況を、できるだけ客観的に伝えてください。たとえ15分の面接が思うようにいかなかったとしても、試験官はあなたのことを『この受験者はそれを客観的に把握できているのか、この失敗を今後の実務で改善してキャリアコンサルタントとして成長していけるのか』という視点に立ってこの口頭試問をしてくれているのだと信じて、最後まで諦めずに目の前の試験官に対して一生懸命あなたの言葉で伝えてください。

　それぞれをどのように答えればよいか、次頁に一例を挙げますので参考にしてください。

①できたことを教えてください

（例）できたこととしては、相談者の方が転職時に考えていた人脈を活かした仕事ができていないという悩みに寄り添い、ラポールを形成しながら話をお伺いしていくことで、少し若手の方々との関わりについて気付きを促すことができたということです。

②できなかったことを教えてください

（例）できなかったこととしては、わかりづらい問いかけをして相談者の方が答えづらい状況を作ってしまったことです。また焦って早口になってしまったので、今後は落ち着いて対応したいと思います。

③今後どのように支援をしていきますか

（例）転職して思うように会社に貢献できていないという悩みに寄り添い、これまで努力されてきたことを労いつつ、ラポールを深めていきます。相談者の主訴は会社からは人脈を活かして新規顧客を開拓し、売上を挙げることを求められているが、思ったように新規開拓ができておらず悩んでいるということだと思います。問題点として、自分の強みは主に人脈なのではないかと考えている自己理解不足、会社に求められていることは、売上への貢献だけではなく、経験を活かして若手の育成に貢献することも期待されているのではないかということに気づいていない仕事理解不足、また若手の方とは淡々としたやりとりしかしていないという発言からコミュニケーション不足が考えられます。そこでまずは相談者の合意のもと、自己理解不足の解消に向けてキャリアプランシート等を使って業務の棚卸を行い、ご自身の強みを確認していきます。期待されていることは売上への貢献だけではないのではないかという気付きを促し、会社から求められていることに対しての仕事理解を深める支援を行います。さらに若手に対して、相談者が積極的に関わること等コミュニケーション不足の解消につながる支援をします。このような支援により相談者が自律的に考え、前向きに仕事に取り組めるよう支援を継続していきたいと思います。

再掲 図表1-3 主な相談者の問題（見立て）とそれに対応する支援策の例

相談者の問題	支援策の例
自己理解不足	・ジョブ・カードの職務経歴シートで自分の経験や能力を整理する。 ・キャリアアンカーで自分にとって何が最も重要な価値となっているかを見つけ出す。
仕事理解不足 （情報不足）	・jobtagの職業興味検査で職業興味の特徴を調べる。 ・jobtagの価値観検査でしごとの価値観を診断する。 ・jobtagを用いて業界研究を行う。
中長期キャリアビジョンの不足	・ジョブ・カードのキャリアプランシートで強み・弱み・知識・能力・スキル、価値観などを整理し、将来的に就きたい職業や、これからの仕事についての考えを明確にする。

面接試験でよくある相談者の一例

　2-1 でもお伝えしましたが、相談者の属性や悩みは年齢と性別によって悩みの傾向があります。もちろん相談者の悩みは千差万別でここに全てを挙げることは不可能ですが、実際の試験では自分の性別や世代と異なる相談者の対応をすることもありますので、ある程度自分とは違う悩みの傾向を予め知っておくことで、落ち着いて面接にのぞむことができます。

女性相談者の一例

※あくまでもほんの一例です

20代	短大を出て専門的な仕事に進んでよいのかわからない
	就職活動が上手くいかない
	新しい仕事を任されるが、上手く運営できる自信がない
	上司が変わってついていけない
	契約社員で満期になったが更新したほうがよいかわからない
30代	新しい部署に馴染めない
	育児休業後復職を考えるも、家事・育児と仕事を両立できる自信がない
	不妊治療をしながら仕事ができるか不安
	育児休業後の自分と昇進した同期の違いに悩む
	契約社員から正社員になるかどうか
氷河期	昇進を打診されるが、自分に務まるかわからない
	部門移動を打診され、家事と仕事を両立できるか不安
	転職先で上手くいかない
	仕事を任されるも評価されない
中高年	経験を認められて転職したがメンバーを上手くまとめられない
	仕事と介護との両立で悩む
	体力や気力が衰える

男性相談者の一例

※あくまでもほんの一例です

20代	就職活動で憧れの仕事に受からない 内定が出たが就職してよいかわからない 就職浪人をしているが、思うように就活ができない 就職をしたが公務員になろうか悩む 海外赴任を希望したが、地方転勤が決まり、転職を考える クレームがあり、自分の仕事の進め方に自信がない 契約社員だが契約を更新してもらえない 希望した配属先につけなかった 企業の縮小にあたり、転職を考える 自分に向いている仕事がわからず短期アルバイトを繰り返す
30代	リーダーに昇格したがどうすればいいかわからない 転職を考えるも、何度も転職をすることに不安を感じる 上司から指示された初めての仕事をこなせるか不安
氷河期	仕事が向いていないので転職を考える 上司に否定されてやる気がわかない 部下の退職に伴い課の運営に悩む
中高年	出向に対し気持ちの整理がつかない 定年退職後仕事を続けるか転職をするか 新しいオンラインツールなどの変化についていけない 若手社員との接し方に悩む 定年退職を迎えるがまだ学費がかかる 不安や怒りをコントロールできなくなっている 仕事と介護の両立で悩む

2 / 3 面接ケース逐語録（悪い例・良い例）

　ここからは 3 つの面接ケースについて、悪い例と良い例を逐語録の形でみていきます。それぞれにポイントも記載しておりますので、参考にしてください。

注意	国家資格キャリアコンサルタントの面接試験は、初回面談 (インテーク面談) という設定です。この逐語録は約 15 分のロープレを想定したもので、会話が途中で終わる場合もあります。

ケース 1

＜相談者概要＞

相談者	佐藤さん (45 歳) 女性　長男 (15 歳)、長女 (13 歳)
状況	専業主婦で育児に専念してきたが、下の子供が中学生になったのを機に働き始めたいと思っている。

悪い例（ケース1）

> **キャリア
> コンサル
> タント 01**
> はじめまして。
> 本日担当します、キャリアコンサルタントの井口と申します。よろしくお願いいたします。

相談者 01

佐藤です。
よろしくお願いいたします。

キャリアコンサルタント 02

佐藤さん、今日はどのようなご相談でいらっしゃいましたか。

相談者 02

どうしたらいいのか分からなくなってしまいました。
何から話せばいいのか…。

キャリアコンサルタント 03

わかりました。
では、こちらからお聞きしますが、現在、働いていらっしゃるんですか？

> クローズドクエスチョンで、聞きたいことを一方的に聞いている。
> 相談者が自由に話せないので、得られる情報のクオリティが低い。

相談者 03

いえ、専業主婦です。

キャリアコンサルタント 04

では、お仕事を探されているというご相談でしょうか？

> 一方的な決めつけ

相談者 04

はい。

キャリアコンサルタント 05

希望している仕事はあるのですか？

> ラポールを築く前に、いきなり事柄の質問をしている

相談者 05

はい。
できれば以前やったことのある事務職を
希望しています。

**キャリア
コンサル
タント 06**

事務職ですか…（険しい顔で）。
専業主婦になってどのくらいでしょう …… 相談者に不安を感
か？

> 相談者に不安を感じさせるような応答

相談者 06

15 年ですね。

**キャリア
コンサル
タント 07**

15 年ですね。
佐藤さんが働きたいと思われたのはなぜ
でしょうか？

相談者 07

今まで専業主婦で子育てに頑張ってきた
のですが、二人の子どもの手が離れたの
をきっかけに、正社員として働きたいと
思ったんです。
でも、書類選考や面接で落ちてしまって
悩んでいます…。

> やっと気になっていることが言えた

**キャリア
コンサル
タント 08**

なるほど…。
どのくらい応募されたのですか？

> 話したいことや、困っている気持ちには寄り添わず、自分の知りたい情報をクローズドクエスチョンで立て続けに聞いていく

相談者 08

10 社になります。

キャリア
コンサル
タント 09

全て事務職として応募されたのでしょうか？

相談者 09

はい。

キャリア
コンサル
タント 10

どのようにして応募先をみつけられたのでしょうか？

相談者 10

ネットを利用して登録できるようなところがあったら登録して…チラシも見たり…家から近いところで事務を募集していればすぐに応募しました。でも、書類を送っても何の連絡もなかったり…返されてきたりも。
理由を知りたくて、こちらから電話をしたこともあるのですが、お答えできないと言われてしまって。
面接に行けば行ったで「経理の経験は？」「英語対応はどうですか」とできないことばかり聞かれてしまって、できないと言うと「今回は残念ですが…」ばかりで…何もできずに今に至ってしまっていて…どうしたらいいのか…もう…。

キャリア
コンサル
タント 11

（さえぎって）佐藤さんは、これまで、どんなお仕事をしてきたんですか？

困っている気持ちには寄り添わず、自分の知りたい情報をクローズドクエスチョンで立て続けに聞いていく

67

相談者 11

"はい。
短大を卒業し、その年に入社して結婚し、
出産で退職するまでの9年間、メーカー
でオフィス業務をやっていました。
特に複雑な仕事はなく、誰にでもできる
ような一般事務です。
私が在籍していたのは 15 年前くらいで
すが、電話対応や簡単なメールの返信、
お客様へのお茶出し、会議資料の作成や
受注入力などです。
他には、部のみんなからの報告書作成や
新人研修なども担当して…。
その後は子育てに専念していたので何の
仕事もしていないんですが、一度だけ、
子供が小学校に上がって、学校に行って
いる間だけ自宅から近い倉庫でのパート
をしていたのですが、学校や子供のこと
で休むことが多くて長くは続けられませ
んでした。
やっと時間の融通がきくようになったの
で、働きたいなと思って…それで…。

キャリア
コンサル
タント 12

"（さえぎって）なるほど、倉庫のお仕事
ではどんなことをしていたんですか。

相談者が話したい
ことには関係な
く、知りたいこと
を質問

相談者 12

えっと…倉庫では、エリアごとに担当が分かれていて、配送のカウントやピッキングをやっていました。

当日、指示があって他のエリアの手伝いに行ったりすることも。

仕事は指示された通りこなすように努めていましたが、夕方には子供たちが学校から帰宅するので、なるべく家にいるようにしていたので、時間的にも大変でした。

パートだと契約期間ごとに更新されるかどうか心配で、正社員であればそんな心配もなく、安定して働けるかなと思っています。

主人の会社ではコロナの影響を受けて厳しいらしく収入も激減しました。

それでも子供は塾に通っているので、変わらず費用はかかりますし、長男は高校受験の年なので、受験費用から入学金もかかってきます。

パートで家計を補おうとしても無理がありますよね…。

子供の教育費がこんなにもかかるとは知らず…。

> 話したいことを聞いてもらえないので相談者が一気に自分から色々と話し始め、キャリアコンサルタントは聞くだけになってしまう

キャリアコンサルタント 13

なるほど…えっと…様々なご家庭の事情があるようですが…それで佐藤さんは…

> 相談者の話に寄り添わず、様々な事情とまとめてしまっている

倉庫にはパートさん以外に正社員の方もいて、お休みは決まっておらず、24時間シフト勤務だと言ってました。

私は子供もまだ小さいので、夜中の勤務や土日の仕事は難しくて…前に勤務していた会社では営業さんのサポートでしたので、私がお客様と話すことはほとんどなかったんです。

なので、事務職以外で仕事を探すことは考えていないです。

親しい友人の中に事務職の派遣社員をしている人もいて、派遣契約が切られると大変だと話していたのを思い出して不安になって…。

だから、業種は気にしないので、正社員として採用してくれるところに応募しているのですが、履歴書が全く通らないし、やっと書類が通ったと思ったら、面接で「佐藤さんは何が得意なんですか」と言われて、結局不採用で、…もうどうしたらいいのか分からなくなってしまって。

一緒に探している友人は、もう正社員じゃなくて、このまま派遣でやっていくと言ってるんですけど、納得がいかないのか不満ばかり言っていて…それを聞いたりすると、やっぱり正社員だなって。

キャリアコンサルタント 14

あの佐藤さんとても言いにくいんですが、事務の雇用は、今ではパートや派遣が多いんです。
参考データですけど、8月現在の一般事務の正社員の有効求人倍率では0.25倍です。
数は少ないですが、4人に1人の割合で求人はあります。
ですが、年齢制限なしと記載してあっても、やっぱり長く勤めていただきたいので、年齢が若い方が採用されやすいようです。

> キャリアコンサルタントが相談者の話をさえぎって、事務職求人が少ないことを話し始めてしまっている

相談者 14

んー…そうなんですね…。

キャリアコンサルタント 15

はい。なので、事務職希望となると、年齢的に厳しくなると思います。
それと、なぜ、佐藤さんは正社員にこだわるのでしょうか？
正社員になると、パートと比べて多岐にわたる業務を任せられ、責任も大きくなって困難が伴うと思うんです。
佐藤さんは、今でもそのような困難に立ち向かう覚悟をお持ちですか？

> 現実を検討してほしいのかも知れないが、希望を失わせる応答

71

相談者 15

困難に立ち向かう覚悟ですか、うーん、どうかなぁ…子供たちの成長に伴って、教育費も必要になってきました。
これまでは育児が最優先でしたけど、子供たちも留守番できるようになったので、長く働き続けていける正社員がいいなと思ったんです。
正社員の仕事が決まったら頑張りたいと思っていたんですけど…。

キャリアコンサルタント 16

そうですか。では、事務職以外の正社員も探していくといいのではと思います。
有効求人倍率のデータから、土木は6倍、介護サービスでは3倍、タクシー運転手を含めた自動車運転では 2 倍なんですね。
求人1人につき2件以上の求人募集があって入りやすいと思いますよ。
ハローワークでは無料で介護系の資格取得できるものもありますよ。

相談者の意向を確認せず、一方的に自分が知っている情報を伝えている

相談者 16

介護ですか…。
事務職以外の仕事を考えてこなかったので…。

キャリアコンサルタント 17

もし、正社員を目指すのであれば、一般事務以外の仕事や介護業界なども視野に入れる必要があります。
介護の現場での職場体験もなども参考にしていただければと思います。
なんでも実際にやってみないと理解することはできませんから。思いがけず自分に適していることもあるかもしれませんので、選択肢を広げて行きましょう。
先ほど 10 社受けられたとおっしゃっていましたが、正社員を目指すのであれば、40 代の方ならば 100 社くらいは応募してみる覚悟で臨んでください。挫折せずに頑張りましょう。

> 励ましているつもりかも知れないが、逆効果になっている

相談者 17

えー！？ 100 社！？

キャリアコンサルタント 18

今はそれが当たり前な感じなので、佐藤さんも頑張りましょう。

> 驚いている相談者の気持ちには何も対応せず、一般的な方法を押し付けている

良い例（ケース１）

キャリアコンサルタント01

はじめまして。
本日担当いたします、キャリアコンサルタントの井口と申します。
よろしくお願いいたします。

相談者01

井口さん、佐藤と言います。
よろしくお願いいたします。

キャリアコンサルタント02

佐藤さん、本日はどのようなご相談でいらっしゃいましたか。

相談者02

どうしたらいいのか分からなくなってしまって、頭の中が整理できてなくてどこから話せばいいのか…。

キャリアコンサルタント03

どうしたらいいかわからなくなってしまったんですね。
お話になりやすいところから自由にお話いただいて大丈夫ですよ。

> 話しやすい雰囲気づくりで、自由に語れるよう促している

相談者 03

これまでは専業主婦として子育てに専念
してきましたが、二人の子供の手が離れ
たのをきっかけに、正社員として働きた
いと考えているんです。
出産前に経験した事務の仕事に応募して
いますが、何度も面接や書類選考で落ち
てしまって悩んでいます。
こんなに頑張って応募し続けているの
に、自信を失ってしまって、かなり落ち
込んでいます。
私を採用してくれる会社があるのかどう
かも心配です。

> 自由に話すことに
> よってクオリティ
> の高い情報が得ら
> れる

**キャリア
コンサル
タント 04**

二人のお子さんの手が離れたのをきっか
けに、正社員として働きたいと思われた
んですね。
でも、何度も面接や書類で落ちてしまっ
て、自信がなくなってしまって落ち込ん
でいらっしゃるんですね。

> 受け止め

相談者 04

はい、そうなんです。

**キャリア
コンサル
タント 05**

気落ちされている中、こちらまで来てい
ただいて、佐藤さんのなんとかしたいと
いうお気持ちが感じられます。

> 励まし

相談者 05

友人の勧めで、思い切って来ました。
どうすれば良いのか教えて欲しいです。

 キャリアコンサルタント 06

そうですね。
今後はどうしたら良いか一緒に考えていきましょう。
お話しによると、頑張って応募されたようですが、どのような課題があると思われますか？

> 教えてもらう、という受け身から、共同作業に変える関わり

 相談者 06

それが全く分からなくて…。

 キャリアコンサルタント 07

では、どのようなアプローチで就活を進められたのか、具体的に教えていただけますか？
そこから新たなアイデアやヒントが見つかるかもしれないので。

> 相談者が話しやすいように、論点を絞って問いかけている

 相談者 07

はい。これまで 10 社ほど応募してみましたが、面接に進むことができたのは 1 社のみで、他の企業では書類選考を通過することすらできませんでした。
履歴書の書き方を調べたり、何度も書き直しをして、自分なりに努力しましたが、なかなか成果は上がりませんでした。
提出した書類は返却されるばかりなので、理由が知りたくて問い合わせをしても教えてはもらえませんでした。

キャリア
コンサル
タント 08

1 社は、面接まで進めたんですね。

⸻ 1 社は面接まで進
めたことを労って
いる

相談者 08

はい…でも、採用されませんでした。
学生時代以来の採用面接で、緊張のあま
り上手に話すことができませんでした。
初対面の人とうまくコミュニケーション
を取ることがどうも苦手で、「経理のスキ
ルはありますか？」とか「英語で対応
することは可能ですか？」と聞かれた際
に「できません」と答えるしかなくて、
結果的に不採用になってしまいました。
年齢が 45 歳になり、ブランクも長いで
すから、正社員で働くことは無理なのか
もしれません。

キャリア
コンサル
タント 09

本当に頑張ってこられたのですね。
確かに、年齢が進むことで厳しい状況は
ありますが、それでも正社員で採用され
た方も多くいらっしゃいます。
ブランク期間中は子育てをしておられた
んですよね。
私は、その経験から得たことや成長した
こともあるのではないかと感じました。

⸻ 受け止め、労い、
本人が気づいてい
ないリソースへの
気づきの促し

相談者 09

そうなんですか…。

キャリアコンサルタント10

それに、ご自身で 10 社もの応募先を見つけて、辛抱強く応募してこられたんですね。
私がお手伝いできることもありますので、一緒に取り組んでいきましょう。

労い、共同作業にするための働きかけ

相談者10

なんだか少しホッとしました。
どうかよろしくお願いいたします。

キャリアコンサルタント11

佐藤さんがこれまでどんな経験を積まれてきたのか、そして今後どんな働き方を希望されているのか、教えていただけますか？
面接でも聞かれる内容ですし、私と一緒に整理しておけば後で役立つ可能性もありますので。

何のための質問かを説明している

相談者11

はい、分かりました。

キャリアコンサルタント12

ご結婚される前は事務のお仕事をされていたと仰ってましたが、そこをもう少し詳しくお聞かせいただけますでしょうか？

最初の発言をここで深掘りしている

相談者 12

はい。短大を卒業し、その年に入社して
結婚し、出産で退職するまでの 9 年間、
メーカーでオフィス業務をやっていまし
た。
特に複雑な仕事はなく、誰にでもできる
ような一般事務です。
私が在籍していたのは 15 年前くらいで
すが、電話対応や簡単なメールの返信、
お客様へのお茶出し、会議資料の作成や
受注入力などです。
他には、部のみんなからの報告書作成や
新人研修なども担当しました。

**キャリア
コンサル
タント 13**

"多岐に渡って事務職をこなされて、お仕
事としてはどうでしたか？

> 複雑な仕事はな
> く、誰にでもでき
> るような一般事
> 務、という発言か
> ら自己効力感の低
> さをアセスメント

相談者 13

"仲間からはいつも感謝の言葉をいただい
たりして、喜びや達成感からやりがいも
感じていました。

**キャリア
コンサル
タント 14**

"やりがいを感じられていたんですね。
当時の業務の中で、特に喜びや達成感を
感じた瞬間があれば、それについて覚え
ている範囲で構いませんのでお話しいた
だけますか？

> やりがいという気
> 持ちを表す言葉を
> 拾い、さらに深掘
> りしている

相談者 14

喜びや達成感…。新人研修は本当に楽しい思い出になっています。
その時の後輩たちは、まだ働いていて会社に貢献しています。
今も連絡を取り合っているので、会社の様子を教えてくれたりするのですが、そうやって何も分からなかった後輩たちが少しずつ成長していっているのを見ていると、今後が楽しみなんです。
電話対応もままならなかった人でも、今では堂々と自信を持ってお客様の対応をしているので。

キャリア
コンサル
タント 15

お仕事をなさっていて、非常に充実感を感じられていたんですね。
では逆に、苦労されたことなどは何かありますか？

相談者 15

そうだなぁ…新人研修時期である毎年 4 月は忙しくて大変でした。
入社して間もないうちに退職を希望する人もいたりして、その相談に乗ったりしたこともありました。
でも、今では苦労というより懐かしい思い出になっていますね。

キャリア
コンサル
タント 16

苦労を乗り越えて懐かしいと感じられる
ようになったんですね。
お仕事を通して、これは成長につながっ
たなとか、習得したなと思ったことは何
だと思いますか。

> 過去の経験から強
> 味などを探ってい
> る

相談者 16

そうですねぇ…成長につながったかどう
かは分かりませんが、人をサポートする
ことが好きなんだと思います。
常にそのような役割だったような気がし
ます。
プロジェクトの進行をまとめたり、後輩
たちの成長を目の当たりにしてやりがい
を感じていました。それぞれの個性に合
わせて適切なアプローチをすることが必
要なんだと。
あ、子育てもそれに近いかも知れません
ね。

キャリア
コンサル
タント 17

子育てと共通するところがあるんです
ね。
人を育てたりサポートしたりするところ
が、佐藤さんの得意なところであり、強
みになるのかもしれません。
自身の仕事について大したことはしてい
ないとおっしゃっていましたが、後輩の
成長を通じて会社に貢献されていたよう
に私は感じました。

> 強みの明確化とポ
> ジティブフィード
> バック、適切な励
> まし

第2章

面接試験対策

81

さきほど、「自分を採用してくれる会社があるのかどうか」と心配されていましたが、私はどんな職場でも人々をサポートする役割はとても重要だと思っています。

相談者17
そうなんでしょうか。何だか嬉しいです。ありがとうございます。

キャリアコンサルタント18
佐藤さんのできることや強みなどが、適切に応募先に伝わるようにしたいですね。
その点はどうでしょうか？

相談者18
誰にでもできる仕事だと思っていたので、書類には自分の強みとして書いていなかったです。

キャリアコンサルタント19
子育てをしてきたことで身についた能力などはどうでしょうか？

気づきを促している

相談者19
えっ？子育てのことでも書けることがあるんですか？

キャリアコンサルタント20
社会的なスキルが高い人材は、職場によって重要視されることもありますよ。

相談者20

そうですよね。
書類を見直したいと思います。
書類も見ていただけますか。

キャリアコンサルタント21

承知しました。
ぜひ一緒に書類を見直していきましょう。
ところで、今回は10社応募されたということですが、全て事務職での応募だったのでしょうか？

相談者21

はい。経験した仕事ならアピールもしやすいと思って…。
それに初対面の人と話すことに苦手意識があって、営業職よりも事務職かなと思ったんです。
子供もいるので土日休みが希望なので、サービス業なども厳しいかなと。

キャリアコンサルタント22

自分の得意なことや家族の状況、経験を考慮して事務職を選択されたんですね。
正社員を希望される背景としてはどのような思いがあるのでしょうか？

> 正社員になりたい背景を確認することで自己探索を促している

相談者 22

パートで倉庫の仕事をしていたことがあるのですが、契約期間ごとに更新されるかどうか心配でした。

親しい友人の中には事務職の派遣社員をしている人もいて、派遣契約が切られると大変だと話していたのを思い出して不安になったのもあります。

子供も成長し、教育費もかさむので、長く働き続けていける正社員がいいなと思ったんです。

お仕事が決まったら、全力で頑張りたいと思っています。

キャリア
コンサル
タント 23

なるほど…正社員として全力で取り組みたいというお気持ちなんですね。
初対面の方との会話が苦手だとおっしゃっていましたが、佐藤さんの思いはしっかり伝わってきましたよ。

感情の受け止め。
励まし

ケース2

<相談者概要>

相談者	村上透さん（26歳）男性
状況	無職。親の定年が数年後に近づき、自立して働くように言われている

悪い例（ケース2）

キャリア
コンサル
タント 01

はじめまして。キャリアコンサルタント
の向井と申します。
本日はよろしくお願いいたします。

相談者 01

村上です。よろしくお願いします。

キャリア
コンサル
タント 02

本日はどのようなご相談でいらっしゃい
ましたか。

相談者 02

…今、無職なんですが、親から相談に行
きなさいと言われて来ました。

キャリアコンサルタント03

村上さんは、今、お仕事はしていらっしゃらないんですね。

相談者03

はい。

キャリアコンサルタント04

親御さんは心配されていらっしゃるでしょうね。
親御さんはどのようにおっしゃっているのでしょうか。

> 相談者より親の気持ちに同調

相談者04

親から正社員になれってずっと言われています。
この間も「近所のスーパーとかに社員募集って書いてあるから面接に行ってきたらどうだ」とか言ってきて。
それは気が進まないと言ったら、こちらに来て、どうしたらいいのか相談してきなさいと…。

キャリアコンサルタント05

なるほど、そういうことなんですね。
ご両親の心配もあって正社員になりたいと思ったけれども、スーパーは避けたいと思ってるんですね。
こちらでは、お仕事を見つけるための様々なテストも受けられますので、一緒に探していきましょう。村上さんの最終学歴は大学ですか？

> ・誤った要約
> ・立て続けにクローズドクエスチョン

相談者 05

いえ、専門学校です。

キャリアコンサルタント 06

専門学校では、何を学ばれていたんですか？ ……クローズドクエスチョン

相談者 06

ゲームを学んでいました。

キャリアコンサルタント 07

専門学校で就職活動はされたのでしょうか？ ……クローズドクエスチョン

相談者 07

いえ、しませんでした。

キャリアコンサルタント 08

❝なぜ、就活をされなかったのですか？ ……相談者の気持ちに寄り添わず、攻めるような問いかけ

相談者 08

行きたい企業があったんですけど、大卒のみの採用で応募できませんでした。

キャリアコンサルタント 09

❝ほかの企業への応募はしなかったのですか？

相談者 09
ゲーム学科には 50 人くらいいるんです
が、ゲーム関係の企業に 3 人就職できれ
ばいいほうなんです。
就活が大変だということはわかってたん
ですけど、やっぱりゲーム業界に進みた
くて…。
クラスには他の企業に就職した友人もい
ますが、自分はゲーム以外の仕事には興
味がなかったので、それ以外は考えられ
ませんでした。

 キャリア
コンサル
タント 10
村上さん、正社員になりたいと思われる
のであれば、あまり 1 つのことにこだわ
らず、もう少し興味の幅を広げられたら
良いんじゃないでしょうか。

相談者の興味を
軽く扱っている

私もお手伝いしますので、後でゆっくり
考えましょう。
あと…資格などは持っているんですか？

 相談者 10
いえ、持っていません。

 キャリア
コンサル
タント 11
アルバイト経験はありますか？

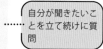 自分が聞きたいこ
とを立て続けに質
問

 相談者 11
はい、あります。

**キャリア
コンサル
タント12**

どのようなアルバイトだったんですか？ ┄┄┄┄ クローズドクエス
チョン

相談者12

システム開発のテストに関わる仕事でした。

**キャリア
コンサル
タント13**

それはいいですね。
システム開発関連の業界は人材が不足しているという話も聞きますので、色んな選択肢があると思いますよ。
どれくらいやられていたんですか？ ┄┄┄┄ 勝手に評価をしている

相談者13

半年ほどで辞めました。

**キャリア
コンサル
タント14**

半年で辞められた理由をお聞きしてもいいですか？

相談者14

親から「アルバイトは仕事として認められない。正社員になれ。」と言われて辞めることになりました。
それからはやる気がでなくて、何もしていません。

キャリア
コンサル
タント15

ご両親は、正社員としてお仕事に就いて
欲しいと願ってるんですね。
そのお気持ちはよく分かります。
非正規雇用だといつ辞めさせられるかわ ······ 説教になっている
からないし、待遇も全然違うから、正社
員になりたいと思う人は多いんですよ。
30代、40代と年齢を重ねるほど難しく
なってくるので、20代の今のうちに自
立していけるよう頑張りましょう。

相談者15

うーん…自立かぁ…そう言われてもなぁ
…働かなきゃだめですかね。

キャリア
コンサル
タント16

ニートのままずっと働かないというわけ
にはいかないですよね。
こちらに相談に来る皆さんも最初は嫌々
だったりするんですけど、実際に働き出
すと、思っていたのと印象が違うようで、
やりがいを見つけたり、自分の成長を実 ······ 説教になっている
感することもあるようですよ。
いろんな人との交流から働くことの楽し
さも知って欲しいんです。毎月しっかり
お給料をいただくことで好きなこともで
きますし…村上さんだって好きなことを
したいでしょ？

相談者16

好きなことはしたいですけど…。

90

キャリア
コンサル
タント 17

自分で働いたお金でやりたいことを実現
すると、喜びも増えますよね。
そのためには、まず行動しないと何も変
わらないし、成長もできないですからね。
行動を起こすことで見えてくるものもあ
るし、新しい気付きにも繋がると言われ
ていますから…私も力になるので、一緒
に正社員を目指して頑張っていきましょ
う！

……　元気付けているつ
もりかもしれない
が、一方的で表面
的

第2章

面接試験対策

相談者 17

はい…ただ、興味がある仕事を探せるの
か不安です。

キャリア
コンサル
タント 18

もちろんご存知の通り、日本には 367
万 4000 社の企業があるので、必ず適し
た会社が見つかりますよ。
毎日1件の応募を目標として、積極的に
行動していきましょう！

……　無意味なデータ提
示

相談者 18

え…1日1件の応募ですか…。

キャリア
コンサル
タント 19

はい、毎日応募すれば、ある程度の数が
面接に進んで、採用に繋がりますので頑
張りましょう。
私も全力でサポートいたしますので、安
心してくださいね。

……　無理強いしている

相談者 19

頑張ると言っても…。

 キャリア
コンサル
タント 20

あ、来週、機械設備のイベントがあるの
でいらっしゃいませんか。
イベントでは企業説明や仕事の内容の話
のあと、人手が足りないということも
あって、その場で面接もできるようなの
で、良い機会だと思いますよ。

相談者の気持ちも
聞かず勝手な提案
をしている

 相談者 20

機械整備ですか…あまり興味ないのでや
めようかなと思います。

 キャリア
コンサル
タント 21

そうですか…では他の業界でも、村上さ
んが興味を持ちそうな企業がたくさんあ
るので、今後のスケジュールをお伝えし
ますね。

さらに勝手な提案
を続けている

 相談者 21

うーん…。

良い例（ケース2）

キャリアコンサルタント 01

こんにちは、はじめまして。
キャリアコンサルタントの向井と申します。
よろしくお願いいたします。

相談者 01

村上です。よろしくお願いします。

キャリアコンサルタント 02

村上さん、こちらでお話ししたことが外部に出ることはないので、どうか安心して、なんでもお話しくださいね。
今日は、どのようなご相談でいらっしゃいましたか。

┈┈┈ 話しやすい雰囲気

相談者 02

えっと…今、無職で、親からここに相談に行くようにと言われて来ました。

キャリアコンサルタント 03

そうでしたか。親御さんから言われていらっしゃったんですね。

┈┈┈ 受け止め

相談者 03

親からはずっと正社員になれと言われています。この間も「近所のスーパーに社員募集って書いてあるから面接に行ってきたらどうだ」とか言ってきて。
それは気が進まないと言ったら、ここでどうしたらいいのか相談してきなさいと言われて…。

 キャリアコンサルタント 04

そうだったんですね。よく来てくれましたね。
ここは村上さんのお気持ちや考えを尊重して、一緒に考えていく場ですから安心してくださいね。

> 来所したことへの労い、ここがどんな場かを説明して安心してもらう

 相談者 04

分かりました。

 キャリアコンサルタント 05

ではまず、村上さんが今後どうしたいのかをお聞かせいただけますか。
そこから、アドバイスであったり、どのようなサポートが必要かなどを一緒に考えていくお手伝いができたらと思うのですが、どうでしょうか。

> 何のための質問かを説明している

 相談者 05

何から話せばいいですか。

キャリア
コンサル
タント 06

村上さんが話しやすいところから、自由
にお話しいただいて大丈夫ですよ。

……▶ 話を限定しない

第2章

面接試験対策

相談者 06

4 年前に専門学校を卒業してから、正式
な就職はしていないです。

キャリア
コンサル
タント 07

なるほど…。
そのことについて親御さんは、どのよう
にお話しされていますか？

相談者 07

どこでもいいからとにかく正社員で就職
しろ…と。

キャリア
コンサル
タント 08

とにかく正社員で就職しろと言われてい
る…。
村上さんはそう言われて、どのように思
われましたか？

……▶ 気持ちの明確化

相談者 08

正直に言って、興味のない仕事はやりた
くないんです。
専門学校でゲームの勉強をしていたんで
すけど、本当に好きなことだったので学
校で学んでいる時は楽しかったんです。
でも、いざ就職活動となると、同じゲー
ム学科に 50 人くらいいる中で、ゲーム
関係の企業に 3 人就職できればいいほう
でした。

95

就活が大変だということは分かってたんですけど、やっぱりゲーム業界に進みたくて…。
クラスの友人の中には他の企業に就職したりしていますが、自分はゲーム以外の仕事には興味がなかったので、ゲーム業界中心に就活を行ったんですけど、結局上手くいきませんでした。

キャリア
コンサル
タント 09

村上さんは、ゲーム業界には興味を持っていて、それ以外のお仕事には興味が持てないということでしょうか。

……→ 整理の援助

相談者 09

はい…ゲーム以外の仕事でアルバイトをしていた時もあったんですけど、親から「アルバイトは仕事として認められない」と言われて気分が滅入ってしまって、半年くらいで辞めてしまいました。それからは何かをしようとするやる気すら起きなくて。
でも最近、親が「自分たちも歳を取っていくんだから、早く働いて自立して欲しい」と口にするようになったんです。
父がもうすぐ定年退職するから心配して言ってくれてるとは思うんですけど、チラシを持ってきては面接に行けと言われるので余計に腹が立って、口論になってしまって…。
だから、意を決してこちらに相談に来ました。

キャリア
コンサル
タント 10

意を決して来てくださったんですね。
親御さんから、歳を取っていくんだと言
われて、村上さん自身どのように感じま
したか？

…… 認知の明確化

相談者 10

そうだよな…歳を取るんだよなって思い
ました。

…… 気持ちの明確化

キャリア
コンサル
タント 11

親御さんもいつまでも若いと思っていた
けれども、定年を迎える年齢が近づいて
きて、自立ということを繰り返し仰るよ
うになっているんですね。
村上さんは、自立と聞いてどのような気
持ちになりましたか？

…… 気持ちの深掘り

相談者 11

以前からよく「ちゃんとした仕事に就き
なさい」と言われていたので、何度言わ
れてもそれほど真剣に考えてこなかった
んですけど、今回ばかりは何だか親の雰
囲気も違っていて、本気で言ってると感
じて焦っちゃいました。

キャリア
コンサル
タント 12

なるほど…今までの親御さんの雰囲気が
違うように感じられて焦りがあったんで
すね。

…… 受け止めと要約

相談者 12

そうなんです。
できれば興味ある仕事以外は避けたいんですけど、今のような状況ではどんな正社員の仕事でも受け入れなければならないのでしょうか。

キャリア
コンサル
タント 13

お気持ちお察しします。
私が強引にお仕事を進めるようなことはいたしませんので安心してください。
村上さんがどんなことに興味を持っているか、何をしたいかなどをお伺いしながら、一緒にこれからのことを考えていければと思います。

………… 情報提供と提案

相談者 13

はい、わかりました。

キャリア
コンサル
タント 14

ところで、村上さんがゲーム専門学校に進学された理由は何ですか？

………… リソースを見つけるための働きかけ

相談者 14

大学受験に失敗してゲームの専門学校に入りました。
子どものころから勉強は苦手で、塾に通っても成績は上がらなかったんです。
スポーツも不得意だったので、父からは「お前は何をやってもダメだな」と言われてきました。
父は一流大学を卒業して一流企業で働いているので、今の状況が不満なんだと思います。

生育歴が語られる

第2章 面接試験対策

キャリアコンサルタント 15

お父様から「ダメだな」と言われてきた…。

非言語での共感

相談者 15

はい、でも反論はできませんでした。
何をやってもダメで、大学受験も予備校まで通って勉強したのに二度失敗しました。
親にこれ以上浪人することは許してもらえなかったので、専門学校に進んだ感じです。
専門学校選びでも、「手に職をつけられるよう経理か医療がいい」と言われたんですが、自分の興味のある分野を学びたくて、反対を押し切ってゲーム専門学校を選びました。

興味あることが明確になった

キャリアコンサルタント 16

親御さんの反対があっても、譲れないと思ったことには意思を貫いて、ご自身で決断したんですね。
専門学校で学んでみていかがでしたか？

> 自分で意思決定したことをコンプリメント

相談者 16

2年間本当に楽しかったです。
小学生くらいからゲームが好きで、高校生の頃には Youtube を見ながらゲームの作り方を調べたりしていたので、専門学校では迷うことなくゲーム制作を進められました。
先生からも褒めてもらって、成績も結構良かったんです。

> ストレングスが語られる

キャリアコンサルタント 17

ゲームについて話す時の村上さんは、生き生きとしていて、声や表情が活気に満ちてますね。
ゲームのどのような点に魅了されるんですか？

> フィードバック

相談者17

　一番楽しいのは、どのような物語にしようか考えている時です。
アイデアに沿ってプログラムを作り上げていく過程にワクワクします。
プログラムって、正確に入力することでしっかり結果として表れるので好きなんですよね。
夢中になってできることだったので、入りたいゲーム会社に向けて頑張っていたんですけど、その企業は大卒でなければ応募することができないと分かって、それからはモチベーションが下がってしまいました。

> 興味関心が一層明確になる

キャリア
コンサル
タント18

希望する企業に応募できないことが分かって、モチベーションが下がってしまったんですね。

> 受け止め

相談者18

はい。働きたいと思っていた会社の就活すらできなかったのは悔しかったんですけど、プログラミングスキルを生かして、アルバイトとしてシステム開発のテストに関わる仕事に就いたんです。
でも、親から「アルバイトではなく、就職をしなさい」と毎日言われるようになったので辞めてしまいました。続けられる仕事だと思ったんですけどね。

ケース3

<相談者概要>

相談者	目黒直子さん（30歳）女性
状況	無職。30歳になったことを機に、正社員で働きたいと思った。

悪い例（ケース3）

キャリアコンサルタント01

“ こんにちは、はじめまして。キャリアコンサルタントの野沢です。
よろしくお願いします。
本日はどのようなご相談でいらっしゃいましたか？

相談者01

“ 目黒です。よろしくお願いします。
今日は就職について相談したいと思って来ました。

キャリア
コンサル
タント 02

就職について相談ということは今は働いていないということでしょうか？
でも就職についてお考えになるのはいいことですね。
お仕事のご経験はあるのでしょうか？

> キャリアコンサルタント自身の主観にもとづいた発言

相談者 02

はい、あります。

キャリア
コンサル
タント 03

どのくらい働いていらっしゃったのでしょうか？

> クローズドクエスチョン

相談者 03

大学卒業後からすぐに働き始めて 3 か月で退職しました。

キャリア
コンサル
タント 04

退職理由をお話しいただけますか？

> 相談者の気持ちを考えず、強制的に答えさせようとしている

相談者 04

3 か月の間は精一杯働いたんですけど、自分には合わなかったようです。
ちゃんと働かないといけないな…と思いながら今まで過ごしてきてしまった感じです。

キャリアコンサルタント 05

なるほど…3 か月でお仕事を辞められてからは、就職をされていないということですね。
では、いつまでにお仕事を見つけたいと思っていますか？

> ネガティブな要約。頑張ったことや、働かないと、と思い続けて来た感情に寄り添っていない

相談者 05

なるべく早く見つけて、すぐに働きたいです。

キャリアコンサルタント 06

すぐに働きたいと思うことは、前向きに感じられていいですね。
現在は、ご実家に住んでいらっしゃるのでしょうか？

> クローズド質問を繰り返し、支援者側が聞きたい情報ばかり聞く。これで相談者を理解したつもりになってしまっている。

相談者 06

はい。

キャリアコンサルタント 07

では、家賃などの心配は必要ないんですね。

> 勝手な決めつけ

相談者 07

はい。

キャリアコンサルタント 08

わかりました。では、大学はどちらのご出身ですか？

> 評価的、決めつけ、押しつけ

相談者 08

A 大学です。

**キャリア
コンサル
タント 09**

優秀な大学を卒業されたのですから、親御さんを安心させるためにも早く就職したいですよね。
学部は何だったのですか？

キャリアコンサル
タント自身の主観
にもとづいた発言

第2章

面接試験対策

相談者 09

経済学部でした。

**キャリア
コンサル
タント 10**

経済学部…成績はどうだったのでしょうか？

相談者 10

学校には真面目に行っていたので、出席率は良くて、成績もまあまあできた方だったと思います。

**キャリア
コンサル
タント 11**

真面目に取り組めることは社会人として大切なことです。
何か資格はお持ちですか？

表面的な褒め

相談者 11

運転免許は持っています。

**キャリア
コンサル
タント 12**

お仕事を辞めてからは働いていないのですか？

相談者 12

働いていません。働かないといけない
なぁとはずっと思っているんですけど、
なかなか行動を起こせなくて、気付け
ば7年が経ってしまいました。
急に将来の不安が襲い掛かってきて、
しっかり働かないと、とは思うのです
が、自信が持てず、どうしたらいいの
か分からなくて…。

キャリア
コンサル
タント 13

急に将来の不安が襲ってきて働かない
といけないなと思ったけれども、自信
が持てないんですね。
確かに7年もブランクが空いてしまう
と、自信が持てなくなりますよね。今
の目黒さんのお気持ちは分かりました。
ただ、ブランクがあると就職活動はな
かなか厳しいものがあると思います。
でも、目黒さんは年齢的にもお若いし、
大学では優秀で、真面目だったという
ことですから、大丈夫ですよ。
早く就職できるよう頑張っていきま
しょう。
それで、お仕事はどういうことをして
いたんですか？

・一見共感のよう
だが、ネガティブ
を強化する要約に
なっている
・根拠のない励ま
し（気休め）

相談者 13

はい、メーカーの営業の仕事をしていたんですけど、上司やお客様の中には厳しい方がいて、毎日叱られることばかりで、耐え切れずに 3 か月持たずに退職してしまいました。
学生の時はとにかく就職はしないといけないと思って就活したのですが、まったく内定がでなくて…とにかくどこでもいいから就職しようと思ってしまって、焦って自分に合わないところでもいいと思って、早急に決めてしまいました。
いざ働いてみたら、自分には営業は向いていなかったんだと思うくらい本当に大変でした。

キャリアコンサルタント 14

今は何をしているのですか？

・辛い話をしているのにケアがない
・感情に寄り添っていない

相談者 14

単発のアルバイトをやっています。

キャリアコンサルタント 15

お仕事の内容を教えていただけますか？

相談者 15

倉庫での在庫管理をしています。
人と話す必要もないし、やることも決まっていて自由な時間にできるので気楽なんです。

キャリア
コンサル
タント 16

人と話すことに苦手意識がある…お話しをうかがっていると、目黒さんはコミュニケーションに課題がありそうですね。
お仕事をする上でコミュニケーションは欠かせないので、まずはそこを乗り越えていくようにしましょう。
他には何かやっていますか？

…… ネガティブ強化、説教

相談者 16

それ以外は家です。

キャリア
コンサル
タント 17

家事手伝いでしょうか？

相談者 17

趣味程度ですがハンドメイド雑貨にはまってます。

キャリア
コンサル
タント 18

ハンドメイド雑貨ですね。
他にはありますか？

…… 興味を示さずスルーしてしまっている

相談者 18
特にありません。

キャリアコンサルタント 19
週に 1 回程度、こちらに来て就活に必要な知識を学ぶ時間は取れそうですね。ご自身で就職に向けての行動は起こされたのでしょうか？

⋯⋯⋯ 勝手な決めつけ

相談者 19
自分は何をやりたいのか、何が合っているのか分からなくて…。

キャリアコンサルタント 20
そうなんですね。
では、目黒さんは将来に向けて、ご自身のキャリアビジョンはどのように考えていらっしゃいますか？

⋯⋯⋯ いきなり難しい質問

相談者 20
将来？キャリアビジョン？目の前のことだけで精一杯で考えていないです。

キャリアコンサルタント 21
そうですか、
例えばこういう風になりたいとか、働いてみたい仕事や取りたい資格などはありますか？

相談者 21
それも考えたことがないので今は分かりません。

どういう仕事に就きたい、こういう姿
を目指しているなどの具体的なビジョ
ンが描けていないということですね。
目黒さんは、キャリアビジョンを明確
にし、自身の目指す姿をより具体的に
考えていけるといいですね。
その上で、企業分析を徹底的に行って、
仕事への理解を深めることが大切です。
来週、ちょうど企業分析セミナーがあ
るので、是非参加してみてください。
役立つ情報が得られると思います。
業界の種類はどのくらいあるのか、そ
の中に様々な職種があることを知って
もらって、幅広い選択肢から選んでい
くことで、自分に合いそうな仕事には
積極的に応募していくようにしましょ
う。
結果、面接の経験を積むことになって
自信もついて、コミュニケーション力
も高めていけると思います。

> 一方的、上から目
> 線の説教、これだ
> けの情報を一度に
> 与えると圧倒され
> てしまう

そうですか…セミナーですね。

それから、自宅近辺だけではなく、い
つも利用されている沿線で探されても
いいですね。
いつもは電車を利用されますか？バス
ですか？

> 相談者の気持ちを
> 聞かず、勝手に決
> めつけている

相談者 23

バスですね。

キャリア
コンサル
タント 24

バスですか…バスだと時間が読めない
ということも考えられますので、電車
に乗って 3 駅くらいまでとしましょう
か。
電車を利用する方は、通勤時間が片道 1 ……… 一方的
時間以内までと、範囲を広げて就職先
を考えていらっしゃいます。
そうなってくると応募先も増えますか
ら、早い就職を希望している目黒さん
にとっても、チャンスだと思いますよ。

相談者 24

チャンス…うーん。

キャリア
コンサル
タント 25

こちらにある支援メニューに沿って目
黒さんが行動していくことで、自分の
やりたい仕事を見つけやすくなると思
うので、3 か月以内には決まると思いま ……… ゴールを一方的に
すよ。　　　　　　　　　　　　　　　　　　　　決める
私も責任を持ってサポートするので、
早く就職が決まるように一緒に頑張り
ましょう！

相談者 25

はい…。

キャリアコンサルタント26

あと必要なのは、目黒さんの強みを知ることなので自己分析が必要なんですが、ご自身の強みってなんでしょうか？

相談者26

強みは分からないです。

キャリアコンサルタント27

得意なことでも何でもいいんですよ。

相談者の気持ちに寄り添わない上から目線の言い方

相談者27

コツコツやることが好きだったりしますが…。

キャリアコンサルタント28

コツコツやることだなんていいですね。具体的に何をしているときなんですか？

評価的

相談者28

趣味のハンドメイド雑貨の制作中は没頭してやってしまうほうです。

キャリア
コンサル
タント 29

あ、趣味なんですね・・・目黒さん、
仕事を見つける際に重要なのは、まず
自己理解を深めることです。自分自身
を理解しないと、何が自分に合ってい
るのかも分からないままになってしま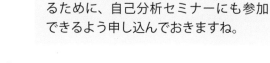
うんです。
応募書類に書けるような強みを見つけ
るために、自己分析セミナーにも参加
できるよう申し込んでおきますね。

上から目線で説教

相談者 29

自己分析ですか…

キャリア
コンサル
タント 30

自分で決めた目標の 3 か月以内に就職
できるよう、今日から取り組んでいき
ましょう。
とにかく行動を起こさなければ何も始 …
まらないですから、一緒に頑張って、
なんとしてでも達成させましょう！
やれば結果に出てきますからね。

上から目線で説教

相談者 30

（うつむいて無言）・・・。

第
2
章

面接試験対策

113

良い例（ケース３）

キャリア コンサル タント 01

こんにちは、はじめまして。
キャリアコンサルタントの野沢と申します。
今日はよろしくお願いします。

相談者 01

初めまして、目黒です。よろしくお願い
します。

キャリア コンサル タント 02

目黒さん、ここでお話ししたことは外部
に漏れることはありませんので、安心し
て、自由にお話しください。
今日はどのようなご相談でいらっしゃい
ましたか。

> …… 温かい態度、配慮

相談者 02

はい、今、就職を希望しているのですが、
こちらはそのような相談もできるので
しょうか。

キャリア コンサル タント 03

就職を希望されているというご相談です
ね。
もちろん大丈夫ですので、もう少し、詳
しくお話をお聞かせいただけますか。

> …… オープンクエス チョンで自由に話 してもらう

114

相談者 03

はい…大学を卒業して少し働いたんです
けど、すぐに辞めてしまいました。
それ以降はちゃんと働いていません。
働かないといけないなぁとはずっと思っ
ているんですけど、なかなか行動を起こ
せなくて、気付けば7年が経ってしまい
ました。
急に将来の不安が襲い掛かってきて、
しっかり働かないといけないと思い立
ち、こちらに相談に来ました。

キャリア
コンサル
タント 04

将来のことを考えて、しっかり働かない
といけないと思ったんですね。
目黒さんの考える「しっかり働く」とは
どのようなことですか？

> 関心を寄せてポジ
> ティブに受け止め
> 「しっかり」の意
> 味を曖昧にせず確
> 認

相談者 04

正社員として雇用されて、できるだけ長
く勤めることです。

キャリア
コンサル
タント 05

なるほど…正社員として雇用されて、長
くお勤めすることなんですね。
ところで、大学卒業後、少し働かれてい
たと仰っていましたが、その時のことを
お聞かせいただけますか？

> オープンクエス
> チョンで自由に話
> してもらう

相談者 05

はい。
大学卒業後、メーカーの営業の仕事をしていたんですけど、上司やお客様の中には厳しい方がいて、毎日叱られることばかりで、耐え切れずに3か月持たずに退職してしまいました。
それ以降は単発のアルバイトをする程度です。
でも、今のままではいけないと思って仕事を探したりもしたんですけど、当時の記憶が思い出されて、自信が持てずにいるんです。

キャリア
コンサル
タント 06

"
そうだったんですね。
その時のことがまだ記憶に残っていて、 ········ 受け止め
上手くいかないのではないかという思いから、自信が持てずにいるのですね。

相談者 06

あの時の落ち込みは、いまだに忘れられません。
自分なりに頑張ったつもりなんですが、どんなことをしても叱られるばかりだったので、きっと自分には才能がないんだろうなと思うようになってしまって…。

**キャリア
コンサル
タント 07**

今もまだその時の落ち込んだ記憶が忘れ
られずにいるんですね。
本当に辛かったと思います。
それでもご自身で何とかしないとという ……
思いから、今日来ていただいたんですね。
今、何か困っていることはありますか？

> 辛い感情に寄り
> 添っている
> 主訴の確認

相談者 07

そうですね。
ブランクもあると思いますが、とにかく
何をしたらいいか、わからないんです。
学生の時はとにかく就職はしないといけ
ないと思って就活したのですが、まった
く内定がでなくて…とにかくどこでもい
いから就職しようと思ってしまって、
焦って自分に合わないところでもいいと
思って、早急に決めてしまいました。
面接がだめだったのも、会社で怒られて
しまったことも、自分にコミュニケー
ション力がないせいだと思ってますが、
こんな自分に合う仕事って、あるんで
しょうか。

**キャリア
コンサル
タント 08**

就活で何をしたらいいのか、そして自分
に合う仕事があるのか、分からないこと
が困っていることなんですね。 ……
では、それを見つけることから取り組ん
でいきましょうか。

> ゴール設定（ここ
> では、短期的な
> ゴール）

117

相談者 08

お願いします。何をすればいいのでしょうか

 キャリアコンサルタント 09

何から取り組むべきかを一緒に考えていきたいので、目黒さんのことについて、もっと聞かせていただけますか。
先ほど、コミュニケーション力についてお話しされていましたが、もしよろしければ、その辺りをもう少し詳しく教えていただけますでしょうか。

> 相談者の主体性を促し、依存的にならないよう、何の目的で質問するかを伝え、共同作業にしている

 相談者 09

はい、営業のときは「お客様の前ではとにかく話をしなさい」と言われていたので、積極的に話しかけるようにしていました。
自分では失礼なことを言ったつもりはないのですが、お客様が不快に思われることがよくあって、先輩から「お客様に何であんなことを言ったんだ」と何度も叱られていました。
何とか会話をしようと頑張ったのですがコミュニケーション力がないので上手くいかず、結局3ヶ月で辞めてしまいました。
先輩からの指示も曖昧で、何をしていいか分からなくて困るんです。
具体的に言ってくれればわかると思うのですが。

キャリア
コンサル
タント 10

指示が曖昧というのは具体的にどういうことなんでしょうか？

相談者 10

何をどうするという具体的なことが分かっていれば期日に向けてできるんですけど、「自分でどうにかしろ」とか「お客さんにうまく伝わるようにやれ」とか指示が曖昧だとどうしていいか分からなくて…それで後から「何でできないんだ」と怒られていました。

キャリア
コンサル
タント 11

自分だけで考えることは苦手なことなのかもしれないですが、それは具体的な指示があることで出来るということなんですね。 ……

> できること（リソース）の明確化

相談者 11

はい。
そうなりますね。

キャリア
コンサル
タント 12

目黒さんのことをもっと知りたいので、仕事以外の得意なことがあれば教えていただけますか？ ……

> 何の目的で質問するかを伝え、共同作業にしている

相談者 12

得意なことはないですね。

キャリア
コンサル
タント 13

では、会社を辞めてからのことを教えて
いただけますか？

過去の経験を問い
かけ得意なことや
強みを探る

相談者 13

会社を辞めてからですか？

キャリア
コンサル
タント 14

得意なことを見つける手がかりになるか
も知れないので、毎日どのように過ごさ
れているのか教えていただけますか？

理解しやすい質問
に変えている

相談者 14

辞めたあとはほとんど自宅にいる感じで
す。
週に 2、3 回のアルバイトで倉庫での在
庫管理をしています。
人と話す必要もないし、やることも決
まっていて自由な時間にできるので気楽
なんです。
他には、夢中になってできるハンドメイ
ド雑貨にはまってます。
作業に集中できるので楽しいんです。

キャリア
コンサル
タント 15

ハンドメイド雑貨にはまった理由は集中
できるからなんですか？

気持ちの深掘り

相談者 15

そうなんです。
私は子供の頃から、何か作るのが好きで、
編み物などをやったりしてました。
ある時母親が刺し子の刺繍をはじめて、
私も近くで見ていて面白いなって思った
んです。
そこから中学生になるとちょっと凝った
物が作りたくなって、バッグを作ること
にはまっていきました。
あの、ちょっと自分なりのこだわりが
あって、かわいい素材を使ったり、色を
考えたりして、素材を切ったり組み立て
たりして、オリジナルの作品ができるの
が楽しいです。
作っている時は、結構集中力がいるし、
細かくて難しい作業もあるんですが、時
間を忘れて没頭できるし、完成した時は
やっぱり嬉しいですよね。今日のバッグ
も自分で作ったんです。

キャリア
コンサル
タント 16

時間がかかっても、1つのものを作り上
げていく集中力があるというのは、目黒 ……
さんの強みになりますね。

ポジティブフィー
ドバック

相談者 16

そう言われると何だか嬉しいですね。
集中力も強みとして言っていいんでしょうか。
だけど、ハンドメイド雑貨と、時々のアルバイトという生活はもういい加減ダメだと思ったので、今の生活を変えられるきっかけが欲しいんです。

キャリア
コンサル
タント 17

なるほど…今の生活を変えるきっかけが欲しいという気持ちが目黒さんの中で強くなってきたんですね。
では、今度は就職活動のことになりますが、何か応募などをしているんでしょうか？

ポジティブな要約
何の目的で質問するかを伝え、共同作業にしている

相談者 17

ハローワークしか知らなかったので、まずは行ってみました。
何もかもが初心者だったので求人票の取り方から、検索の仕方などを教わりながら、自宅近辺で探してみました。
でも以前のような自分に合わない仕事を選んでしまって、結果すぐに辞めてしまうことは避けたくて、結局何もしていません。
でも、未経験でも採用してくれる企業なんてあるのかが心配です。

未経験の就職はもちろん頑張りも必要になってきますが、企業によっては採用するところもあります。
目黒さんが希望されていたような自分に合ったお仕事に就いてもらうためにも、様々なお手伝いができると思います。ハローワークでは自己分析や職業体験、履歴書の書き方や面接の受け方など、就職活動に関するセミナーなどもありますよ。
目黒さんがお話しされていたコミュニケーションスキルも、セミナーに参加しながら少しずつ磨いていくことができると思います。
目黒さんの中で何か気になったものはありますか。

適量の情報提供と意向の確認

そうですね…自分に合った仕事が何なのか知りたいので、自己分析が気になりました。

自己分析をやっておくのはいいですね。もしよろしければ次回から一緒に自己分析から始めてみませんか？

本人の意思の尊重

はい。ぜひお願いします。

キャリア コンサル タント 20

" そろそろお時間になるのですが、今日色々お話をしていただいたのですがどうでしたでしょうか？思ったこと、目黒さんの中で気づいたことなど、なんでも良いのでお聞かせいただけますか？

> 本人に振り返りをさせる投げかけ

相談者 20

" はい。まだ自信はないんですけど、自分に合った仕事を見つけて就職できたら、長く勤められるよう努力したいなと思っています。
コツコツやることも自分の強みになるんだと分かって、そういう能力を活かせる仕事を探したいなと思いました。

キャリア コンサル タント 21

" 私は、目黒さんが「ちゃんと働きたい」と決めて、ハローワークにも行って、こうして相談にも来てくれて、「今の生活を変えるきっかけが欲しい」とお話しされていたように、しっかりと、自分で一歩を踏み出して変わろうとしていらっしゃるなぁ、と感じました。
自己分析からはじめてもっと目黒さんの強みを見つけていけるといいですね。

> ポジティブフィードバック

「最速合格」国家資格キャリアコンサルタント

実技試験（論述・面接）テキスト＆問題集

＜キャリアコンサルティング協議会本試験準拠＞

編　Ⓒキャリアデザイン出版

発 行 者　岩　村　信　寿

発行所　リンケージ・パブリッシング　　　〒 104-0061 東京都中央区銀座 7-17-2

アーク銀座ビルディング 6F

TEL 03(4570)7858　FAX 03(6745)1553

発売所　株式会社 星雲社　　　　　　　　〒 112-0005 東京都文京区水道 1-3-30

（共同出版社・流通責任出版社）　　　　　TEL 03(3868)3275　FAX 03(3868)6588

定価はカバーに表示しています

乱丁・落丁はお取り替えいたします

Printed in Japan

customer's VOICE

LINE お友だち登録無料特典に嬉しいお声をいただきました

 論述は養成校での講義でもそれほど触れられてはいなかったので、どのように学習を進めてよいのか不安でしたが払拭出来ました。講義もわかりやすくすんなり理解することができました。自信を持ってこれからの受験対策を進められそうです。

 論述と面接対策に行き詰まりを感じていた時にこの本に出会いました。養成講座で受けていた時には疑問にも思っていなかったことが、ひとつひとつ手に取るように理解していけたことや、LINE と連携できて心強い支えができることも、この本から得られたことです。本と共に力をつけていけそうです。

 受験申し込みを済ませて、さて、これからどう取り組んでいこうかと漠然と考えていたところにこの講座を受講させていただき、「ぼんやりしている場合じゃないぞ」と力をいただいた気がしました。受験のポイントは大変参考になりました。

 勉強法が分からなかったので、すごく参考になりました。必ず1発合格する！という気持ちが高ぶりました。

 ロープレの機会をいただきまして、ありがとうございました。また講座もすごくわかりやすく、どこを学んでいけばいいかなどポイントをつかむことができました。本当に感謝しております。

 マイページのコンテンツが隙間時間に勉強するのに役立ちました。オンラインでの講座について全て参加させて頂きましたが、勉強のコツなどとても役立ちました。ロープレ練習会はに参加し、自信を持って試験に臨めました。また、オンライン講座に参加された同じ目標を持つ方たちの存在がモチベーションを保つことにも繋がりました。ありがとうございました。